성공하는 삶을 위한

인생의 전환점에서 만난

카네기

성공하는 삶을 위한

인생의 전환점에서 만난
카네기

경현호 지음

창작시대사

카네기의 7가지 성공 비전으로
무에서 유를 창조한 행복의 전도사

"울산에 힐링센터를 짓겠습니다. 바다가 보이는 멋진 곳에."

2004년 카네기 강사 교육 시, 경현호 강사가 한 비전 발표이다.

"축하, 축하합니다. 이렇게 멋진 곳에 힐링센터를 만드셨으니."

2019년 울산 바다가 한눈에 내려다보이는 산 중턱에 지어진 힐링센터 건물 앞에서 경현호 강사에게 내가 한 말이다.

사실은 비전 발표 당시만 하더라도, 그가 힐링센터를 짓겠다고 매입한 땅은 개발제한구역 임야로 건축이 안 되는 곳이었다. 그 때문에 비전 발표한 것을 후회하기도했었다. 하지만 그는 포기하지 않았다. 기왕 비전을 세웠으니 카네기 과정에서 익힌 대로 여러 사람에게 말하고, 늘 상상하고, 실행하자고 결심했다. 그 후 하나씩 실천해 나가니 비전에 점점 가까이 다가섰고, 그것은 자신에게 동기부여가 되었으며, 강한 자신감이 생기게 해주었다. 그리고 비전 달성에 전념한 결과 보이지 않던 새로운 길이 보였고, 또 예기치 않은 상황 변화로 그곳에 힐링센터로 사용할 건물까지 완성하게 된 것이다. 그래서 그는 이제 비전 달성의 끝자락에 서 있다며 행복해했다. 비전으로 무에서 유를 창조해낸 것이다.

헬렌 켈러는 말했다.

"앞을 보지 못하는 것은 불쌍한 일입니다. 그러나 비전을 갖지 못한 사람은 장님보다도 더 불쌍한 사람입니다. 나는 일생을 태양을 보고 살았습니다. 그래서 어둠을 볼 여가가 없었습니다."

경현호 강사는 일생의 비전을 생생하게 설정하고 이를 열정적으로 실현해 나가면서 의미 있고 행복하게 사는 리더이다. 또한, 주변 사람을 행복하게 만들어 주는 리더이기도 하다.

그런 그가 오래전부터 또 하나의 비전으로 세웠던 카네기 관련 책을 출간하게 되었다.

이 책에는 카네기의 7가지 성공 비전을 축으로 하여 자신의 경험을 성공적으로 녹아내었다. 코로나 사태를 겪으면서 많은 사람이 삶의 전환점에서, 갈 길을 몰라 갈팡질팡하고 있다. 그에 대한 분명한 답을 이 책은 제시하고 있다. 이 책은 우리 시대에 꼭 필요한 책이다. 많은 사람이 이 책을 읽고 성공하는 삶을 살기를 기대한다.

성공전략연구소/카네기평생교육원 회장
경영학 박사 최염순

카네기를 만난 것이
인생의 전환점이 되었다

카네기를 만나면서 곡선으로 우왕좌왕하며 가던 인생행로가 직선으로 분명해졌다. 지나고 보니 카네기의 가치로 해석되지 않는 삶의 여정이 없었다. 미리 알았더라면 훨씬 더 좋은 삶을 살아가지 않았을까 아쉬움이 크다. 살아가는 과정은 특별한 몇몇 부류를 제외하고는 일반적으로 대동소이하다. 뉴스에 나오는 사건을 보며, 함께 느끼고 판단한다. 초, 중, 고등학교, 대학교라는 비슷한 길을 걸어간다. 결혼을 하거나 하지 않거나 직장을 가지거나 자영업을 하거나, 백수라 할지라도 우리의 삶은 비슷하다.

어느 집이든 문제없는 집은 없다는 말을 한다. 내가 겪었던 일은 나만이 겪는 문제가 아니다. 모양과 빛깔만 다를 뿐 많은 사람이 겪는 문제다. 고민하고 부대끼고 사랑하고 미워하며 오늘을 살아간다.

카네기를 만나고 풀리지 않았던 많은 문제의 해답을 찾을 수 있었다. 둘러가던 길을 직선으로 갈 수 있었고, 풀리지 않았던 문제들에 대해 그 이유를 알게 되었다. 그러면서 어떻게 사는 것이 잘 살아가는 것인가를 나름 깨닫게 되었다.

나와 같은 시대에 살며, 나처럼 카네기의 가치를 직접적으로 만났던, 간접적으로 만났던 사람은 그렇지 않은 사람보다 훨씬 나은 삶을 살고 있을 거라 자신 있게 말할 수 있다. 그렇기에 내가 만난 카네기를 지금이라도 카네기를 만나지 못한 사람에게 알려주어, 그들의 삶이 조금이라도 더 나아지기를 바라는 마음이 생겼다.

그런 이유로 카네기 과정의 강사로 활동하게 된 것이다. 카네기의 가치가 이 사회에 보다 효과적으로 작용하기 위해서는 우리 사회의 리더들이 먼저 변해야 한다는 생각에, CEO와 대기업 임원들을 상대로 교육을 하였다. 그들이 변하면 그들의 조직이 변할 것이며, 조직 속의 조직원들이 그들의 영향을 받아 변할 수 있다고 생각했다. 또한, 리더가 아닌 일반인을 상대로도 강연하고 상담을 했다. 나의 강연과 상담으로 하여 많은 사람이 공감하고 변화했다. 그러한 변화를 실감하면서 더 많은 사람이 카네기의 가치를 접하면 좋겠다고 생각했다. 그래서 미리 알았더라면 더 좋았을 것들과 지금이라도 알게 되면 더 좋은 삶을 살 수 있게 되는 것들을 이 책을 통해 풀어낸 것이다.

이 책은 내 삶과 카네기의 가치가 어떻게 만나 작용하는지에 대해 이론보다는 스토리 위주로 썼다. 그렇기에 가독성이 좋고 독자가 이해하기도 쉬울 것이라 믿는다.

내 인생의 전환점에서 카네기를 만났다. 아니 카네기를 만난 것이 내 인생의 전환점이 되었다. 그것이 내 인생이 펴진 전환점이 된 것처럼, 이 책을 읽는 독자도 카네기를 만나 구불구불한 인생행로를 곧게 펴는 전환점이 되기를 간절히 바란다.

난 지금 은퇴를 하고 남녘 끝, 동녘 끝의 바다가 한눈에 보이는 땅끝 마을, 울산 근교 주전으로 귀농하여 살고 있다. 이것은 오래 전부터 꾸어온 내 꿈이다. 누구나 와서 힐링할 수 있는 공간을 마련하고, 찾아온 사람과 교류하며 농사를 짓는 것이 내 꿈이었다. 지금 농사를 지으며 힐링 공간을 마련하고 있는 중이다.

카네기를 만났기에 이런 꿈에 좀 더 쉽게, 좀 더 빨리 이르게 되었다고 생각한다.

이 책을 읽는 독자도 카네기를 만나, 내가 느낀 가치를 자신의 삶에 적용한다면, 훨씬 쉽게 자신이 원하는 삶을 살 수 있을 것이며, 훨씬 빨리 자신의 꿈을 이룰 수 있으리라 믿는다.

2020. 여름
경현호

CONTENTS

Lesson 1

비전과 열정

분명한 비전은
목표를 이루는 신비한 힘이다

●

비전을 만들 때는 그림을 생생하게 그리고,
마음이 설렐 만큼 선명하게 글로 써라.

"생생하게 상상하고 간절하게 소망하라. 진정으로 믿어라. 그리고 열정적으로 실천하면 무엇이든지 반드시 이루어진다. 모든 것을 실현하고 달성하는 열쇠는 목표 설정이다. 내 성공의 75%는 목표 설정에서 비롯된다. 목표를 명확하게 설정하면 그 목표는 신비의 힘을 발휘한다."

폴 J. 마이어

한 사냥꾼이 사냥개들을 데리고 멧돼지를 잡으러 갔다. 얼마 지나지 않아 한 마리 사냥개가 멧돼지를 발견하고는 콩콩 소리를 내며 멧돼지를 쫓아 달려갔다. 그 뒤를 따라 다른 사냥개들도 맹렬한 기세로 쫓아갔다. 그러나 얼마 지나지 않아 멧돼지를 직접 보지 못하고 따라갔던 사냥개들은 투덜거리며 돌아왔다. 그들은 하나 같이 '무슨 멧돼지가 있어 잘 못 봤을 거야'라고 생각했다. 그렇지만 한 마리 사냥개는 어떤 어려움이나 장애물을 만나도 포기하지 않고 결사적으로 멧돼지를 쫓아갔다. 그리고 마침내 멧돼지를 잡을 수 있었다.

어떻게 이런 일이 가능했을까? 이 사냥개는 자기 목표인 멧돼지를 분명히 보았기 때문이다. 보고 확인할 수 있었기 때문에 끝까지 쫓을 수 있었던 것이다. 그렇지만 다른 사냥개들은 직접 멧돼지를 보지 못했다. 그들은 그냥 쫓아가기만 한 것이다.

생물학자이자 교육자인 데이비드스타 조단은 세상은 자신이 어디로 가는지 알고 가는 사람에게 길을 열어 준다고 했다. 나치 독일의 유대인 수용소에서 살아남은 정신과 의사 빅터 프랭클은 그의 저서 《죽음의 수용소》에서 자신이 살아남을 수 있었던 것은 삶의 목적이 분명했기 때문이라고 했다. 프랭클은 니체의 말을 자주 인용했다.

"살아야 할 이유를 아는 사람은 어떤 어려운 상황에 처하더라도 견뎌낼 수 있다."

그는 아우슈비츠로 이송될 때 출판하려고 준비했던 원고를 전부

몰수당했다. 원고를 다시 써야겠다는 강렬한 열망이 수용소의 혹독한 환경에서 살아남을 수 있도록 해 준 것이다. 그는 이렇게 증언하고 있다.

"그런 상황에서도 나는 원고를 다시 쓰기 위해 아이디어가 떠오르면 잊지 않으려고 종이에 메모를 했다. '수용소에서 살아나갈 수 있는 가능성이 없어!'라고 말하는 사람은 곧 모든 것을 상실하고 죽음에 이르게 되었다."

필자는 직장 생활을 하면서 두 가지 잊지 못할 사실을 발견하였다. 첫 번째는 공장에서 큰 폭발사고로 4명이 온몸에 심각한 화상을 입고 입원하게 되었다. 그들은 눕지도 못하고 일어서서 매일 밤을 지새워야 했고 고통을 참아냈다. 차라리 죽는 것이 더 낫다고 이야기를 했다. 네 명 중에서 세 명은 고통 속에 있다가 결국 세상을 등지게 되었고, 한 사람은 그 고통을 이겨내고 살아났다. 세상을 떠난 세 사람의 집안 환경을 살펴보니 모두 혼자 살든지 아니면 가족이 외면한 삶을 살고 있었다. 살아남은 한 사람은 어린 아이가 있는 가족이 있었다. 그 고통 속에서도 아이를 잘 키워야겠다는 일념으로 삶의 끈을 놓지 않았던 것이다. 꼭 그 이유가 전부는 아니겠지만, 살아야 한다는 강한 의지가 있는 사람과 죽는 것이 차라리 낫다고 생각한 사람과는 결과에서 차이가 있는 것이다.

두 번째는 회사가 어려워서 구조조정에 들어갔을 때였다. 백여 명은 회사의 강력한 권유와 미래의 막연한 두려움에 사로잡혀 자발적으로 사직서를 제출하고 회사를 떠났다. 하지만 여덟 명은 본인이 부양해야 하는 노부모가 있거나, 아이들이 아직 학교를 마치지 못한 사람이었다. 그 의무감이 눈앞의 고난의 시간을 인내하고, 장래에 닥칠지도 모르는 해고라는 불안감에도 불구하고 꿋꿋하게 버틸 수 있게 해주었다. 그들은 퇴사하지 않고 계속 회사에 다닐 수 있었다.

탐험가이자 선교사인 데이비드 리빙스턴은 다음과 같이 이야기하고 있다.

"사명을 가진 사람은 그것을 달성할 때까지는 절대로 죽지 않는다."

• 그림과 글로 비전을 표현하라 •

카네기는 비전을 만들 때는 첫째, 그림을 그리라고 했다. 실제로도 그리고 마음속으로도 그리라고 했는데, 여기서 중요한 것은 생생하게 그리라는 것이다. 둘째, 글로 쓰라고 했다. 글을 쓰되 그냥 쓰는 것이 아니라, 현재 이루어진 것처럼 쓰라는 것이다. 그림과 글로 된 비전을 보고 마음이 설렐 만큼 선명하고 구체적이어야 한다고 말했다.

비전을 실천하는 방법으로 그림이나 글을 자신이 매일 볼 수 있는 곳에 붙여두고, 그것을 여러 사람에게 계속 이야기하는 것이 세 번째이다. 그래야 뇌가 진짜 이루어진 것처럼 세뇌가 된다는 것이다.

이러한 방법은 일상에서 모든 일을 할 때, 나의 비전과 연관성을 가지게 하는 것이고, 비전을 향해 조금씩 나아가고 있다는 것을 매일 느끼게 하여, 비전 달성에 조금씩 가까이 다가설 수 있게 한다.

목표가 이끄는 삶
_힐링센터를 만들자

●

디즈니랜드를 세우겠다는 비전과 꿈을 가진 그날부터
월트 디즈니는 지금의 디즈니랜드 모습을 간직하고 있었다.

〈나는 자연인이다〉라는 텔레비전 프로그램이 남성들에게 인기
가 많다. 복잡한 도시 생활을 떠나 자연에서 생활하고 싶은 도시
남자의 로망이다. 그리고 많은 사람이 전원생활을 꿈꾼다. 하지만
꿈꾸는 것에서 끝난다. 꿈에서 깨어나면 다시 현실에서 아등바등
살아간다. 왜 그럴까? 그렇게 전원생활을 꿈꾸면서도 그것을 이루
지 못하는 이유는 무엇일까? 그 이유는 구체적인 목표를 세우지
않았기 때문이다. 전원생활을 꿈꾸었다면 계획을 세우고 실천을
하면 그 목표를 이룰 수가 있다.

필자는 40대 후반쯤 퇴직 후에 힐링센터를 지어서 교육도 하고,

사람들이 와서 쉴 수 있는 그런 장소를 운영하는 것을 꿈꾸었다. 그래서 틈만 나면 울산 근교에 좋은 장소가 있는지 살펴보고 다녔다. 주로 산골짜기로 많이 다녔는데, 2~3년을 헤매고 다녔지만, 가격 대비 적당한 장소를 찾지 못했다. 그러던 중에 IMF를 맞았다. 그런데 울산 시내 근교인 주전 동네에 땅이 하나 나왔다는 연락이 왔다. 곧바로 현장에 갔는데 주전 동네 바로 뒤 바다가 한눈에 내려다보이는 전망 좋은 뒷산이었다.

주변 마을은 옛날부터 아주 아름답고 푸른 소나무가 많았다. 바다가 훤히 내려다보일 뿐 아니라 앞에는 연못도 있었고, 뒤에는 성곽 같은 산등성이로 둘러싸여 있었다. 그곳은 주민이 대보름날에 달맞이를 하고 새해에는 일출을 보며, 동네 사람이 체육행사를 하는 공터였다. 흐뭇한 표정을 애써 감추며 돌아와 아내와 함께 가서 그곳을 보여주었다. 아내도 아주 아늑하고 좋다고 했다. 그 땅은 주인이 세 명이었다. 대표로 한 명과 계약을 체결하고 다른 두 사람이 동의해서 계약이 성사되었다.

그 땅은 임야 2,500평이었다. 매입한 후에 주말이면 아내와 함께 나물을 캐고 밭을 만들어 씨앗을 뿌렸다. 그것은 어느덧 우리 부부의 힐링 장소가 되었다. 조금씩 땅을 일구어가며 우리가 원하는 힐링 교육센터를 지을 수 있을까, 꼭 지었으면 좋겠다는 마음을 먹게 되었다.

그러던 어느 날 비가 왔다. 저녁 8시 반쯤 회사에서 우의를 챙겨 그곳을 향해 출발하였다. 도착하니 9시 정도였다. 산길을 올라가서 현장에 도착하고 텐트를 치고 숙박을 했다. 하지만 비가 부슬부슬 내려 내려가기로 하고 산길을 따라 잡목 숲을 지나서 오는데 등골이 오싹했다. 누가 뒤에서 잡아당기는 것 같았다. 순간 모든 숨이 가라앉은 것 같았고 살며시 뒤를 돌아보았다. 옆에는 무덤이 있었고 나뭇가지에 내 우의가 걸려 있었다. 안도의 숨을 몰아쉬며 다시 산길을 내려왔다. 그 후에도 많은 일이 이 땅에서 일어났다.

땅을 매입 후 2년이 지난 3월 어느 날, 지인으로부터 전화가 왔다. 그린벨트 특별조치법이 새로 만들어졌는데, 한번 알아보라는 것이다. 그 법은 그린벨트에서 농사를 5년 이상 지었고 그린벨트 지정 당시인 1973년도에 농사를 지은 땅이라면 농지로 전환해 주는 특별조치법이었다. 30년 전에 농사를 지었다는데 그 사실을 증명할 길이 없었다. 그날부터 고민 고민을 하며, 연구에 몰입했다.

그러던 중, 그 동네 개발위원이자 공인중개사 사무실을 운영하는 지인을 통해 그 땅에 대해서 알게 되었다. 30년 전 당시에는 그 땅이 과수원이었다는 것이다. 1년에 걸쳐서 자료를 만들었고, 그 자료와 동네 주민을 보증인으로 세웠다. 그러한 노력의 결실로 그해 12월 지목을 임야에서 과수원으로 바꿀 수 있었다. 그린벨트 지역에서 임야를 과수원으로 지목 변경하는 것은 거의 불가능한 일이었는데, 그렇게 된 것은 하늘이 도왔다고 해야 할 것 같다. 그린벨트 제도가 생긴 지 34년 만에 처음 있는 일이라고 했고, 내가 그렇게 꿈에도 그리는 일이었다. 큰 기쁨과 함께 이곳에 힐링센터를 지으려는 내 꿈에 한 발짝 두 발짝 다가서는 느낌이 들었다.

과수원에 대한 애착이 더 많아졌고 거의 아침 출근 때면, 그곳에 들러 앞으로의 꿈을 심어 갔다. 주말에는 어김없이 아내와 같이 와서 일을 하였다. 2년 동안 과수원은 눈에 보이게 달라졌다. 그러던 중 한 장의 공문을 받게 되었다. 도로가 날 계획인데, 우리 과수원의 약 3분의 1이 도로로 들어간다는 것이다. 눈앞이 캄캄할 정도로 실망이 컸다. 그동안 얼마나 많은 땀을 흘려 과수원을 일구었는데, 그 땅을 내놓아야 한다니, 맥이 풀렸다.

그 후로 1년 동안은 과수원에 가지 않았다. 보기도 싫었기 때문이다. 도로가 다 나고 난 다음에 가보았더니 가슴이 많이 쓰라렸다. 하지만 올라가는 길은 좋아 보였다. 몇몇 사람은 길이 났으니까 좋겠다는 말을 했다. 하지만 길보다는 그동안 노력해서 일구었던 땅이 더 소중했기에 그 말이 들리지 않았다.

그런데 인터넷을 통해 길이 있으면 그곳에 농업용 창고를 지을 수 있다는 것을 우연히 알게 되었다. 그때부터 인허가를 받기 위해서 열심히 뛰었다. 관계 공무원을 수 차례 찾아가 면담하기도 했다. 공무원은 법에는 그런 것이 있다 하더라도 그러한 허가를 내준 적이 없으니 안 된다고 했다. 하지만 담당자보다 높은 상급자를 찾아가서 법조문을 들이밀었다. 결국, 허가를 받았고 그곳에 집을 지었다. 집이 완성되는 날 너무나 마음이 뿌듯했다.

그린벨트 허허벌판에 집이 들어서니 주전 동네 사람들이 말이 많았다. 하지만 법이 허용한 범위 내에서 이루어졌기에 문제가 없었다. 지금 생각해 보면 어떻게 그린벨트에 집을 지을 수 있었는지 꿈만 같다는 생각이 든다. 도로가 나면서 그렇게 실망했던 일이 전화위복이 된 것이다. 도로가 나면, 건축할 수 있다는 사실을 진작 알았더라면 그렇게 실망하지 않고 기뻐했을 텐데, 그것을 몰랐기에 실망을 하며 1년간 세월만 허비한 것이다.

이를 계기로 안 좋은 일은 꼭 안 좋은 일에 그치는 것이 아니라 좋은 일이 생기는 계기가 될 수도 있다는 것을 느끼게 되었다. 하늘은 스스로 돕는 자를 돕는다는 말을 실감하게 된 것이다. 그 후, 나머지 땅에도 건축을 하여 현재 45평의 건물을 갖게 되었다.

그 건물에는 힐링센터가 들어설 것이다. 힐링센터에서는 문학, 그림, 공예 등 전문가를 초빙해 강의도 할 계획이다. 그런 것을 통해 서로 교류하는 중에 참여하는 사람은 자연스럽게 힐링을 하게 되리라. 그뿐만이 아니다. 넓은 땅에는 버섯, 과일 등을 가꾸고 있다. 울산 시내 학생의 자연체험 학습장으로도 이용할 계획이다.

그리고 여러 가지 할 수 있는 것을 계획하고 있는데, 생각만으로도 즐겁다. 이것을 보면서 목표를 세우고 그것을 향해서 꾸준히 노력했을 때, 어떤 보이지 않는 힘이 도와준다는 것을 깨닫게 되었다. 즉 꿈은 이루어진다는 말을 실감하게 된 것이다.

• 월트 디즈니 디즈니랜드 회장의 비전 •

미국 프로리다 올랜드 시에 건립된 디즈니랜드 개관식 때의 이야기다.

"월트 디즈니가 오늘 이 화려하고 웅장한 모습을 보았더라면 얼마나 좋았을까요?"

5년 전 디즈니월드 건립을 추진하던 중에 세상을 떠난 월트 디즈니를 생각하며 개관식에 참석한 한 사람이 이렇게 말하며 아쉬워했다.

이 말을 들은 그 옆의 관계자 한 사람이 말했다.

"그분은 이 모습을 이미 보았습니다. 디즈니랜드를 세우겠다는 비전과 꿈을 가진 그날부터 그분은 언제나 이 모습을 간직하고 있었습니다."

• 경험으로 얻은 교훈 •

1 40대에 전원주택과 힐링센터를 만들 목표를 세우고 그 꿈을
실현할 임야를 싼값에 매입함.

▶ 목표를 세우고 그것을 실행할 수 있는 구체적인 계획 수립의
중요성을 깨닫게 됨.

2 그 땅과 관련된 법률의 변화에 관심을 가짐. 그린벨트 특별법
시행으로 임야를 농지로 변경하게 됨.

▶ 관련 법령 등 주변 변화에 관심을 가져야 한다는 교훈을 얻음.

3 농사를 지으며 도로가 생긴 탓에 절망하기도 했으나 위기를
기회로 활용하여 주택을 지음.

▶ 정보에 민감하게 움직여야 한다는 교훈을 얻음.

4 현재의 주택과 농장을 갖게 되기까지는 숱한 어려움이 있었으
나 극복함.

▶ 어떤 어려움에 부닥치더라도 극복할 의지로 방법을 찾으면
해결할 수 있다는 교훈을 얻음.

비전이라는 내비게이션
_비전이 뚜렷해야 성공한다

●

비전이 뚜렷하지 않으면, 자신이 가는 방향이 우왕좌왕하게 되어
시간과 에너지를 많이 낭비하게 된다.

공상을 많이 하는 습성을 가지고 있다. 필자는 평상시에는 비전
을 가져야 한다, 목표를 가져야 한다는 말을 많이 했지만, 인생의
비전과 가치관이 정립되어있지 않았다. 목표는 매년 바뀌었고, 정
확한 것이 없었다.

나의 종교는 천주교이다. 진정한 내 인생의 목표를 찾기 위해 회
사에서 성경 읽기 모임을 만들었다. 수녀님과 신부님을 모시고 성
경에 대한 강의를 듣기도 했다. 그러다 개신교 전도사를 초빙해 공
부했는데, 독실한 천주교 신자인 아내는 그 이야기를 듣고 불만을
토로했다. 천주교 신자가 왜 다른 종교인 개신교 전도사를 불러 공
부를 하느냐는 것이 그 이유였다. 나는 무마하는 차원에서 수녀님
을 모시고 회원 부부들과 동반해서 경주로 단합대회를 가는 것으로

수습을 했다.

성경 공부를 해도 삶에 대한 갈증을 해소하지는 못했다. 인생의 의미를 찾기 위해 인천 나사로의 집, 피정, 성서학자들의 강의를 들었다. 그리고 ME(부부재교육 프로그램) 모임에 아내와 3박 4일간 참여하여 어떻게 살아야 하는지 생각도 해보았다. 에니어그램이라는 프로그램을 소개받아 아내와 파주에 있는 예수 사랑의 집에서 1박 2일로 프로그램에 참여하기도 했다. 이 프로그램은 사람의 성향을 이해하고, 어떻게 다루는지에 대한 방법을 알게 해주었는데, 그것은 아주 흥미로웠다. 그래서 후속으로 이어지는 2단계, 3단계 교육까지 받았다. 그리고 다음 해 여름휴가를 이용하여, 2주 과정의 강사 교육을 받아서 강사가 되었다. 그것은 가족과 회사 상사나 부하직원의 말과 행동을 잘 이해하는 계기가 되었고, 그 사람들에게 도움을 주기도 했다.

결과적으로 이러한 교육을 통해 사람을 보다 잘 이해하는 리더가 될 수 있었다.

2005년경 회사에서는 업무 집중도 향상의 일환으로 커리어 컨설턴트 프로그램을 도입하여 희망자를 대상으로 1:1 컨설팅을 실시하였다. 그 프로그램이 아주 좋다고 생각하여 6개월간 주말마다 서울로 가서 교육을 받았고, 그 과정을 수료하여 컨설턴트 자격증도 땄다. 사람을 컨설팅하는 것보다 먼저 나 자신이 누구인지에 대해서 찾게 되었다. 그래서 앞에서 했던 과정을 종합하여 2006년에 삶의 비전을 설립했다. 내가 이런 사람이고, 나의 특성은 이렇고 이런 방향으로 가야겠다는 것을 알게 되니, 방황하던 마음이 집중되었고 행복감을 느끼게 되었다. 비로소 인생의 비전과 가치관이 정립된 것이다.

그 비전을 매년 보완해 갔는데, 그것을 보고 아이들도 따라 비전을 만들었다. 그래서 매년 1월 1일을 가족이 전부 모여 1년 계획을 발표하는 '가족비전선포식'날로 잡아서 지금까지 해오고 있다. 전년 성과가 있는 사람, 올해 계획을 잘 세운 사람에게는 상금도 주었다.

내가 누구인가를 아는 것은 한 번에 되는 것이 아니고 여러 번 해야 하고 시간이 갈수록 업데이트를 해야 한다. 분명한 비전을 세우고 흔들림이 없이 힘을 한 가지로 뭉쳐져 나아갈 때 내가 원하는 삶을 살 수 있게 된다.

• 비전은 선명해야 한다 •

비전이 뚜렷하지 않으면, 자신이 가는 방향이 우왕좌왕하게 되어 시간과 에너지를 많이 낭비하게 된다. 구체적인 비전이 있으면 그곳을 향하여 일관되게 나아갈 수 있기 때문에 빠른 시간 내에 비전을 달성할 수 있을 뿐만 아니라, 그 과정에서 많은 성취를 얻을 수 있다.

비전이 있다는 것은 내비게이션을 보고 운전하는 것과 같다. 따라서 비전도 업데이트를 계속해야 한다.

퇴직 후 자존감 지키기
_비전은 폿대다

●

하나의 단계를 이루면 성취감이 생기고
그 성취감은 다음 단계로 나아갈 수 있는 자신감을 형성해준다.

매슬로의 욕구 5단계 설이 있다. 1단계는 위생의 욕구이며, 의식
주에 대한 욕구이다. 2단계는 안전의 욕구이며 몸과 삶의 안전에
대한 욕구이다. 3단계는 소속의 욕구이며 회사나 집단에 소속하고
자 하는 욕구이다. 4단계는 인정의 욕구로써 다른 사람에게 인정
받고 싶어 하는 욕구이다. 5단계는 자아실현의 욕구로써 자기가
자기를 칭찬할 수 있을 정도로 생각, 행동, 사상에 대해서 만족하
는 것을 말한다. 1단계의 목적을 이루면 2단계로 나아가는 등 단계
별로 다음 단계로 나아간다.

회사 다닐 때는 5가지 단계의 달성이 가능하며 자신이 잘 살고
있다는 생각을 하게 된다. 하지만 퇴직하는 순간 5단계에서 대부

분 1, 2단계로 떨어지게 된다. 더 이상 소속이 없고, 사랑도 못 받고 인정도 못 받게 되는 단계로 떨어지게 되는 것이다. 욕구가 채워지지 않으면 불안하고 그 욕구를 채우기 위해 갈등하고 무엇이든 하려고 시도한다.

퇴직하고 난 뒤 사기를 잘 당하는 이유가 소속이나 인정에 대한 욕구 때문이다. 사업적으로 사기를 당할 수도 있고, 재산에 대한 사기를 당할 수도 있다. 그런 리스크를 막을 수 있는 방법은 없겠는가? 그 방법은 일을 통해서 해결할 수 있다. 퇴직 전을 golden job이라고 한다면 퇴직 후는 silver job이라고 말할 수 있다.

골든 잡을 할 때는 힘들어도 가족을 부양하고 안정된 생활을 누리기 위한다는 절박한 점이 있기에 스트레스를 극복할 수 있다. 또한, 젊기에 건강도 가지고 있다. 하지만 실버 잡에는 그런 절박한 점이 덜하고 체력도 약하고, 책임감도 상대적으로 약하게 된다. 그렇기에 실버 잡을 선택할 때 주의해야 한다. 젊었을 때는 일을 선택할 때 경제적인 소득이나 명예나, 권한 등을 중시한다. 하지만 실버 잡을 구할 때는 일에 대한 개념을 바꾸어야 한다. 삶의 의미를 부여할 수 있는 일을 찾아야 한다.

경제적인 가치와 의미 있는 가치 두 가지를 찾기란 쉽지가 않다. 그러기 위해서는 다음 세 가지를 생각해 보아야 한다.

첫째, 내가 누구인지를

둘째, 나는 무엇을 좋아하는지를

셋째, 무엇을 하고 싶어 하는지를.

이 세 가지를 신중히 검토한 후 일을 선택해야 일에 대한 의미를 찾을 수 있으며, 일을 끝까지 할 수 있다.

그에 대한 좋은 예가 있다.《우체부 프레드》라는 소설이다.

프레드는 눈이 오거나 사고가 나더라도 자신의 일인 배달은 꼭 하고 만다. 폭설이 내린 경우, 배달을 하지 않더라도 자연재해로 인한 상황이기에 누구도 나무랄 사람이 없다. 그런데도 그는 눈을 뚫고 우편물을 배달한다. 그가 배달을 하지 않는다면 실업급여를 받는 노인들이 그것을 받을 수 없게 된다. 시골에 사는 노인들은 그가 가면 너무나 반가워한다. 프레드는 때로는 상담도 해주고 심부름도 해준다. 단지 물건을 배달하는 우체부가 아니라 마음을 전하고 옮겨주는 것이라고 그는 생각하기 때문이다. 우체국장이 평가하면 낙제점을 받을 수도 있다. 그가 하는 행동이 경제성이 없다고 생각할 수 있기 때문이다. 하지만 프레드는 활기 있게 일을 한다. 프레드는 일 관계를 사람 관계로 바꾸어 놓았다. 사업의 성공은 85%가 사람 관계라고 했다. 그는 시민으로부터 호평을 받았으며, 우체국이 나중에 아주 큰 사업을 하게 되었는데 그 사업에 중추적인 역할을 했다. 실제 일은 사람을 관리하고 관계를 맺는 수단인 것이다.

흔한 말로 벽돌공에게 뭐하냐고 묻는다면, "벽돌을 쌓는다, 집을 짓는다."라고 말한다. 그런데 어떤 벽돌공은 "하나님의 집을 짓는다."라는 말을 한다. 같은 일을 하더라도 무슨 생각을 가지고 일을 하느냐에 따라 가치가 달라진다.

인생관이나 가치관을 제대로 세워야 한다. 가치관을 세우려고 하면 내가 누군지를 알고 나의 소명이나 임무, 목표가 무엇인지를 알아야 한다. 이것은 쉽지 않은 일이다. 지금 내가 좋아한다고 생각하는 것을 실제 해보면 아닐 수도 있다. 필자는 교육 사업을 하고 싶어, 사업하는 곳에 들어갔다. 그곳에서 명함도 파주고 급여도 50만 원을 주었다. 다니다 보니 그곳에서 요구하는 것을 못 하면 스트레스를 받았다. 50만 원 받고 스트레스를 받아야 한다는 사실이 그곳에 가기를 싫게 만들었다. 그래서 돈은 받지 않은 채 소속만 유지하고 싶다고 하여 그렇게 하고 있다. 돈을 받는 것은 내 생각의 껍데기 속에 또 다른 생각을 넣는 것이라 여겼다.

실버 잡을 할 때, 일에 대한 의미를 부여하면 자신이 하는 일이 가치가 있고, 큰 성취감을 느끼면서 소외감이나 허탈감에서 자유로워질 수 있다. 의미가 있다는 것은 어려움을 극복할 수 있는 지침이 된다. 그렇기에 흔들림 없는 은퇴 후의 삶을 살기 위해서는 실버 잡에 대한 의미, 즉 자신이 하고 있는 일의 가치를 명확하게 세워두어야 한다. 이것이 자신의 재산을 지키고 노후에 소외감이나 외로움에서 벗어날 수 있게 해주는 것이다.

• 비전은 푯대다 •

비전이란 내가 되고자 하는 형상을 의미한다. 비전을 이루기 위해서는 그 형상을 구체적으로 그려야 한다. 그래야 실행력이 높아지며, 살아있는 비전이 된다. 비전은 내가 가야하고 이루어야 할 방향을 잡아주는 푯대이기 때문에, 그것이 없다면 시간을 낭비하게 되고, 산속에서 길을 잃고 헤매면서 겪는 것과 같은 걱정, 불안 등의 스트레스도 많이 받게 된다. 한 마디로 비전이 없으면, 자신이 원하는 인생을 살 수 없게 되는 것이다.

자신이 이루고 싶은 큰 그림의 비전을 세운다. 그런 후 세부적으로 나누어 그 비전을 달성하기 위한 단계적인 목표를 만든다. 그리고 그 중간 단계의 비전을 이룰 수 있게 하는 구체적인 실천 방안을 만들어야 한다. 하나의 단계를 이루면 성취감이 생기게 되고 그 성취감은 다음 단계로 나아갈 수 있게 하는 자신감을 형성하게 해 준다. 그것이 반복됨으로 최종적인 큰 비전을 이룰 수 있게 되는 것이다.

FCC를 살려라
_열정은 새로운 가치를 창출한다

●

열정은 위기를 기회로 만드는 힘이다. 따라서 성공하기 위해 관리해야 할 대상은
시간도 돈도 물건도 아닌 열정이다.

어느 날, 갑자기 안전 환경 기술팀장도 임원회에 참석하라는 연락이 왔다. 임원회의 시작 전에 FCC 용융 황에 대해서 먼저 이야기하자고 했다. 용융 황 처리가 안 되어서 FCC 공장 운전이 90% 감량 운전하고 있다는 것이다. 당시 FCC는 하루 2억 이상의 수익을 내는 공정이었다. FCC 공정은 석유에서 탈황 작용을 거쳐 황을 제거한다. 이 황은 중국으로 수출되어 비료를 만드는 데 전량 사용하고 있다. 그런데 중국에서 황 수입을 전면 보류했다. 이 황은 130도에서 액체 상태를 유지한다. 그렇기에 보관 탱크와 이것을 운반하는 탱크 모두 130도를 유지해야만 한다. 그렇지 않으면 탱크나 탱크로리가 굳어져서 못 쓰게 된다. 중국으로 수출하는 배도 우리

나라에는 없었다. 일본에서 배를 임대해 중국으로 수출했다. 중국에서 황 수입을 보류했기에, 더 이상 생산하는 것이 무의미하여 하는 수 없이 공장 가동을 중지해야 했다. 문제는 용융 황 생산 용량을 점점 줄여 일주일 이내에 공장 가동을 중지해야 한다는 것이다. 임원회의에서는 남는 용융 황을 폐기처분 할 수 있는지 검토해 달라고 했다. 130도로 펄펄 끓는 액체이기 때문에 이제까지 폐기물 처리를 해본 적도 없고, 그것을 처리할 수 있는 폐기물 처리 업체도 없었다.

따지고 보면 이 일은 우리 부서의 업무는 아니었다. 전례가 없는 일이었기에 하지 않겠다고 했으면 생산부서로 이 업무가 이관될 수도 있는 사안이었다. 하지만 누군가는 해야만 할 업무였다. 그래서 이 일을 우리 부서에서 맡겠다고 했다. 우리 부서 조직원 중에는 지금 업무도 바쁜데 새로운 일을 맡았다며 불만을 이야기하는 사람도 있었다. 그 말도 맞는 말이었기에 그들을 다독이며 업무를 처리해야 하는 이중고를 겪어야 했다. 평소 조직이기주의는 타파되어야 한다는 소신을 가지고 있었고, 그 소신이 이 업무를 맡게된 이유이기도 했다. 남들은 이러한 나의 행동을 윗사람에게 잘 보이기 위한 행동이라고 욕을 했을지는 몰라도, 최소한 난 회사를 발전시키는 나의 열정이라고 생각했다.

처리 방안에 대해 곰곰이 생각했다. 그러다가 황을 고체로 만들면 처리가 좀 더 쉽지 않을까 하는 생각이 들었다. 그래서 용융 황을 고체로 만드는 법에 대해서 인터넷 등을 통해 조사해 보았고, 중국에 문의해서 그 방법을 알아보았다. 중국에서는 넓은 콘크리트 박스에 넣어서 이것을 고체로 만들고 난 후 다시 포크레인으로 분쇄한 후, 비료공장에서 사용한다는 것이다.

그래서 우리 공장 안에 이런 콘크리트 박스가 있나 확인했으나 없었다. 고민 끝에 폐기물 매립장을 생각해 보았다. 현지답사를 해 보니 매립장은 현재 비어 있는 상태였다. 쓰레기 매립장 표면을 평탄 작업한 후 사각 박스 형태로 구덩이를 파서 액체인 용융 황을 쏟아부으면, 상온에서 고체화되어 한판의 커다란 노란 두부 형태가 될 것이라는 생각이 들었다. 매립장 관리 부서장과 협의를 하니, 관리 부서장은 그러지 말고 박스를 제작해서 거기서 고체화하는 것이 더 좋겠다는 의견을 제시했다. 하지만 콘크리트 박스를 만든다는 것은 일정상 3주 이상이 소요되기에 시간적인 문제가 있었고, 그것을 놓아둘 공간적인 문제도 있어 현실적으로 어려웠다.

다음으로 나무 박스를 만들면 어떨까 하는 생각이 들어 검토했다. 나무 구조상 30톤의 무게를 견디기는 쉽지 않을 거라는 생각이 들었다. 그리고 끓는 용액을 옮겨 담는 것은 안전상에도 커다란 문제가 있어서 적용할 수가 없다는 결론에 도달했다. 여러 가지 방안을 검토해 보았지만 적당한 방안이 없어 처음에 생각한 매립하는 방식이 가장 적절하다는 결론에 이르렀다.

그래서 관련 부서와 회의를 했고, 회의 결과 담당 관리 부서를 설득하기로 했다. 관리 부서에서는 매립장에 황을 갖다 넣는 것은 법적으로 문제가 있을 수 있다고 부정적인 의견을 내었다. 그래서 다시 법적인 문제를 검토해보니 뚜렷한 조항은 없었다. 그리고 용융 황을 생산 공정에서 나온 산업 폐기물로 분류하면 큰 문제는 없을 것으로 판단했다.

여러 가지 논란은 지속이 되었다. 관련 부서가 모여 회의를 거듭한 끝에 먼저 시범적으로 구덩이를 파고 30톤을 쏟아붓기로 협의하였다.

생각보다는 작업이 순조롭게 이루어졌고, 단지 안전상의 문제점에 대해서는 보완을 하면 될 것 같았다. 생산부서와 지원부서가 현장에 와서 보고 '아! 이렇게 하면 되겠다.'라고 해서 옆에 더 큰 웅덩이를 만들었다. 그것은 100톤 이상 넣을 수 있을 정도였다. 일단 숨은 트였다. 많은 용량이다 보니 주변으로 냄새가 확산되어 옆 공장에서 민원이 발생할 수 있다는 생각이 들었다. 그때부터 용융 황을 하차할 때 사람을 공장 경계 주변으로 보내 모니터링을 했다.

그러던 중 서울에서 사장이 내려왔다. 사장이 매립장을 방문한다는 연락을 받고 현장에 나갔다. 현장에 온 사장은 기분 좋은 상태가 아니었다. 중국의 원시적인 작업장을 보는 것 같다는 말을 했고, 안전에 주의하라는 당부를 하고 돌아갔다.

다음 날 공장장실에서 호출을 했다. 총괄 공장장은 어제 사장이 격려 차원에서 주었다며 봉투를 하나 건네었다. 만만치 않은 돈이 들어있었다. 그동안 힘들었던 것에 대한 충분한 정신적, 물적인 보상을 받은 느낌이었다.

이런 작업을 지속적으로 하기에는 쉽지 않았다. 그때부터 국내 용역 업체를 찾아다니면서 가벼운 장치를 이용해서 용융 황을 고체화하는 방법을 찾아내었다. 수소문 끝에 압축공기를 이용해 입자화하는 방법을 찾아내었지만, 그것은 실내에서 작업하는 방법이었다.

우리는 실외에서 작업해야 했기에 이 방법을 그대로 적용하는 데는 한계가 있었다. 가장 큰 문제는 입자화할 때 발생하는 악취였다. 그 문제를 해결하기 위해 다시 물속에 용융 황을 넣어 알갱이로 만드는 공정을 추가했다. 몇 번 실험을 통해 물에 넣어 처리하는 방법을 알아냈다. 그런 후 대량의 고체 용융 황을 처리할 수 있는 플랜트를 만드는 설계를 했다. 실제의 시설을 짓기 위해 부지 선정까지 하여 적용하려는 그때, 중국에서 수입 규제가 풀리고 정상적으로 수출의 길이 열려 플랜트 작업은 보류하기로 하였다.

돌이켜보면 생산부서에서 고민할 일을 필자의 부서인 안전 환경 기술팀에서 맡아서 하는 것에 대해, 조직 업무 분담 측면에서 보면 불합리한 점이 없지 않았다. 그러나 FCC가 우리 덕분에 100% 가동을 할 수 있게 되었고, 안전 환경의 역할로 회사가 돈을 벌 수 있다는 것에서 자부심을 갖게 되었다. 2주 동안 열심히 현장에서 뛴 우리 팀원은 우리 공장에서 이렇게 황이 많이 나오는지도 알게 되었고, 황을 처리하는 방법에 대해서도 많은 노하우가 쌓인 것에 대해서 흐뭇하게 생각했다.

또한, 고형 황을 만들 수 있는 실제 플랜트를 설계하였고 지을 수 있게 준비를 해 둔 것은 우리 후배들을 위해서도 좋은 일이었다. 이렇게 조직의 경계를 넘어 발휘한 열정이 모두에게 흡족한 마음을 줄 수 있다는 것 또한 보람 있는 일이었으며, 생산성 향상을 위해서는 부서 간 너와 내가 있을 수 없다는 것도 이 경험을 통해서 알게 되었다.

2년 후 매립장에 저장해 둔 노란 황을 캐서 중국으로 전량수출 했다는 이야기를 들었다. 가슴이 뿌듯했다. 그리고 이 일로 하여 나 스스로 많은 성장을 했다고 느꼈으며, 회사의 직원은 난관에 부닥쳤을 때 그 난관을 극복하며 성장한다는 것을 알게 되었다.

'조직 이기주의'라는 말이 있다. 자기 부서만 생각하고 다른 부서와는 소통하지 않으려는 문화가 회사 내에 존재한다는 의미다. 변화를 두려워하며 현실에 안주하는 복지부동의 전형을 일컫기도 한다. 회사의 발전을 가장 저해하는 것이 이런 조직 이기주의다. 자신의 일만 묵묵히 하면 된다? 묵묵히 나의 길을 가겠다? 아니다. 조직원은 자신의 일과 전체를 함께 살펴보는 시각이 필요하다. 시속 60킬로미터 도로에서 그 속력만 유지하면 문제가 없다고 생각할 수 있다. 하지만 주변 여건을 고려하지 않고 시속 60킬로미터로

만 달린다면 사고 나기 십상이다. 도로에는 어떤 변수가 있기 마련이다. 앞에 사고가 나 있을 수도 있고, 제한 속도보다 더 빨리 속력을 내어야 할 때도 있고 느리게 달릴 때도 있는 것이다. 그렇기에 운전을 할 때는 백미러를 보기도 하고, 주변을 한 번씩 곁눈질로 살펴보기도 해야 하는 것이다.

그것이 회사 전체를 살펴보는 시각이다. 무사안일하는 자세로 일을 하는 데는 큰 열정을 필요로 하지 않는다. 하지만 회사 전체를 생각하며 하는 일에는 열정이 뒤따라야만 가능하다. 필자가 속한 조직의 일만 하고 다른 일을 내 일이 아니라며 거부했다면, 황을 처리할 수 있는 노하우가 쌓이지 않았을 것이고 고형 황을 만들 수 있는 플랜트의 설계도를 만드는 성과를 내지 못했을 것이다. 자신의 일은 당연히 열심히 해야 하며, 조직의 벽을 깨는 소통도 해야 한다.

내가 먼저 시작을 하니 우리 부서 조직이 열정적이 되었으며, 그 열정은 전 관련 조직으로 퍼져나간 결과로 이어졌다. 이 일로 열정은 전염성이 강하다고 느끼게 되었다. 그냥 일해서는 발전이 없다. 열정을 가지고 일할 때만이 자신뿐만 아니라 회사의 발전도 기대할 수 있는 것이다.

열정은 위기 시에 빛이 난다고 했다. 회사에 문제가 생겼을 때 내 열정을 유감없이 발휘했고, 그 열정은 빛이 났다.

• 열정은 위기 시에 빛이 난다 •

열정은 위기를 기회로 만드는 힘이 있다. 카네기는 열정에 대해 이렇게 설명하고 있다.

잘 알려지지 않은 성공의 비결

혹시 두 마을을 이어준 개의 이야기를 들어본 적이 있는가? 마을 사이에 산이 가로막고 있어, 왕래하기 힘들던 두 마을 사람들에게 개가 길을 만들어 행복을 가져다준 이야기이다. 어느 날 이웃 마을에 살고 있는 한 암컷 개를 보게 된 수컷 개는 암컷 개가 보고 싶어 험한 산을 넘어 매일 이웃 마을까지 왕래하기 시작했다. 이렇게 일 년이 지나고, 이 년이 지나자, 그곳에는 사람이 다닐 수 있을 정도의 길이 생겨났고, 그러한 사실을 알게 된 마을 사람들이 개가 만든 길을 따라 이웃 마을로 쉽게 왕래할 수 있게 되어 편리한 생활을 할 수 있게 되었다. 수컷 개의 지칠 줄 모르는 열정이 사람도 만들지 못했던 길을 만들게 된 것이다. 결국, 한 마리 개의 뜨거운 열정이 마을 사람들을 행복하게 만들었다. 성공하기 위해 우리가 관리해야 할 대상은 시간도 돈도 물건도 아닌 열정인 것이다.

안 된다는 것이
된다의 시작점이다

●

안 되는 상황에 부딪혔을 때 오히려 되게 하기 위한 방법을 생각하라.
그러면 될 수 있게 만드는 힘이 생겨난다.

2014년 11월 구청으로부터 불법 행위를 원상 복귀하라는 계고
장이 날라 왔다. 며칠 전 구청 담당자로부터 호출 전화를 받고 갔
더니 농장 내 농업창고 옆의 방부목으로 만들어 놓은 데크를 철거
하라는 것이었다. 왜 갑자기 철거하라는 거냐고 따졌는데, 윗선에
서 순찰을 하던 중에 적발하였기에, 담당자도 어쩔 수 없다며 무조
건 철거하라는 것이다. 데크를 설치한 목적은 농장에서 수확한 농
작물을 자연 건조하기 위함이다. 관계 법령대로 적법하게 설치한
것이라고 설명했지만 이해하려고 들지 않았다. 그리고 바로 행정
조치를 내린 것이다.

계고장을 받아 들고 다음 날 담당 계장을 찾아갔다. 담당 계장은
여러 말 말고 불법 건축물이니까 바로 철거하라고 했다. 규정대로

했다고 했지만 막무가내였다. 자기 선에서는 끝났다고 할 말 있으면 담당 과장한테 가서 이야기하라는 것이다. 담당 과장을 찾아가 설명했지만 소용없었다. 과장은 담당자를 불러 관계법을 다시 한 번 검토해보라고 지시하고는 바쁜 일이 있다며 자리를 떴다. 가슴이 답답해졌다.

경사진 면에 아래쪽으로 석축을 쌓고 그 안에 성토하여 건물을 지었다. 그런 관계로 건물 옆에 공간은 1.5m 정도밖에 없었고 혼자만 간신히 통행이 가능한 정도였다. 채소나, 고추, 참깨 등을 수확하여 건조하고 쌓아 둘 만한 공간, 즉 마당이 꼭 필요했다. 그런데 그린벨트 지역 내에서 이러한 건축물을 새로 설치한다는 것은 엄격하게 제한하여, 그런 공간을 확보하기가 어렵다는 것을 잘 알고 있었다.

농사를 짓기 위한 필수적인 것인데 다른 사람들은 이럴 때 어떻게 했을까 의문을 가지며 그린벨트 관련 법규를 찾아보기 시작했다. 그린벨트 내에서 영농 활동을 적극 장려하는 법의 취지를 간과하고는, 시행령 시행규칙 등을 꼼꼼히 검토하였다. 법령에는 농지 내에서 생산된 농작물을 건조하기 위한 건조기를 30제곱미터 미만으로 설치할 시는 허가 없이 할 수 있다고 되어 있었다. 그래서 법 조항에 맞게 건물 옆에 방부목과 철재 각관을 이용하여 건조용 데크를 만들어 놓았던 것이다.

농업용 창고의 용도와 효율성이 훨씬 높아졌고 안전에도 큰 도움이 되었다. 만약 이 데크가 없었더라면 몸통만 있고 팔과 다리가 없는 것에 불과했다. 특히 이 데크는 자체 설계하여 인부 2명을 들여 직접 만들었기에 노력과 땀과 애정이 들어간 것인데, 난데없이 철거라니 상상만 해도 끔찍했다.

답답한 마음에 이런 상황을 구청에 다니는 지인에게 설명하고 상담을 요청했다. 법 해석이 애매하니 담당 과장에게 다시 한번 말을 잘 해보라는 조언을 받았다. 담당 과장을 찾아가 다시 이야기하는 것은 소용이 없을 것 같아서, 그 위 상사에게 부당함을 호소했다. 그분은 담당 부서에 다시 한번 알아보겠다고 했다. 며칠 후 담당자로부터 전화가 걸려와서 가보니, 그들은 시청에 이미 법령 질의를 했다며 회신이 오면 다시 한번 연락하겠다고 했다.

이틀 후 연락이 왔다. 시청에서 회신이 왔는데 자기들 주장이 맞으니 빨리 철거하지 않으면 강제 철거하겠다는 것이다. 다시 한번 부당함을 이야기했지만, 시청에서 회신이 그렇게 왔기 때문에 별도리가 없다며, 구청 업무에 잘 협조해주도록 오히려 부탁했다. 구청에 있는 지인도 이런 상황을 전해 듣고 구청과 다투지 말고 잘 처리하는 것이 좋겠다고 하였다.

나는 부당하다고 생각하여 시청 담당자에게 전화를 걸었고, 시청 담당자는 회신 내용만 대답하고, 더 이상 설명은 하지 않았다.

나는 하는 수 없이 국토해양부 담당자에게 면담을 요청했다. 몇 번의 요구 끝에 겨우 약속 날짜를 잡았다. 나는 현장 상황을 스케

치하고 사진을 찍고 법령과 나의 법 해석한 내용을 정리하여, 구청과 시청의 해석 내용의 오류를 지적하였다. 약 5분 동안의 짧은 면담 시간에 나의 주장을 충분히 전했고, 그 담당자는 자기도 울산시청에서 온 전화를 받고 그렇게 대답해 주었다는 것이다. 그런데 나의 설명을 들어보니 다시 한번 검토해 볼 필요성이 있다며, 가지고 온 서류를 첨부해서 정식 신청을 해놓으라는 것이었다.

일주일 후에 꿈에도 그리던 회신이 국토해양부로부터 날라왔다. 그것은 나의 손을 들어준다는 내용이었다. 그 회신을 들고 구청 담당자에게 갔다. 그래도 구청 담당자는 자신의 의지를 굽히지 않았다. 자기 내부 회의 결과 법제처에 다시 질의하였다는 것이다. 그러면서 다시 경고장이 하나가 또 날라왔다.

그래서 나는 다시 법제처에 이 사안에 대해서 전화를 했더니, 법제처는 법의 오류만 보는 곳이기에 자신의 소관이 아니라며 국토해양부 소관이라는 답변을 구청에 했다고 한다.

며칠 후 구청 담당자에게서 전화가 왔고, 법제처에서는 특별한 회신이 없었다고 했다. 그래서 철거는 하지 않아도 되는 것으로 결론이 났다.

• 열정은 목표를 향해 나아가는 동력이다 •

어떤 상황에 부닥쳤을 때 안 된다는 말을 들으면, 흔히 포기하는 경우가 많다. 위의 사례처럼 나도 구청에서 안 된다는 말을 들었을 때, 포기했더라면 힘들게 설치한 시설을 철거해야 했다. 하지만 나는 내가 옳다는 확신이 있었고 포기하지 않고 관련 공무원을 설득하여 내 뜻을 이루었다. 몇 번의 실패에도 굴하지 않고 목표를 향해 나아가기 위해서는 동력이 필요하다. 그 동력이 바로 열정인 것이다.

"안 된다는 것이, 바로 된다의 출발점이다."

난 이 말을 주문처럼 외우고 다닌다. 그렇기에 안 되는 상황에 부딪혔을 때 오히려 되게 하기 위한 방법을 생각한다. 그러면 될 수 있게 만드는 힘이 생겨나게 된다.

정년퇴직의 아이콘 만들기
_열정적으로 생각하고 열정적으로 행동하라

●

먼저 결심하고 계획하라. 계획은 실천으로 이루어진다.
실천하기 위해서는 열정이 있어야 한다.

'45살까지는 다닐 수 있겠지.'

35살 즈음, 회사 교육 과정 중 전 생애 설계를 작성하는 것이 있었는데 그때 떠오른 생각이다. 쉰 살까지라도 회사에 다닌다면 큰애는 대학교 2학년, 내가 피치 못해 직장을 옮기더라도 2년의 여유가 있을 것 같았다. 둘째 아이는 어떻게든 되겠지 하는 생각을 했다. 그래서 50세 이후의 설계서를 작성한다는 것은 큰 의미가 없었다. 이것을 작성할 때, 정년이 보장되는 현장 조합원이 부러웠다. 정년까지 갈 수 있다면 인생 설계서를 작성하는 건 간단한 일이었을 텐데 50세 이후의 인생 곡선이 불확실했기에, 생애 곡선을 점선으로 그릴 수밖에 없었다.

이것을 작성하면서 경력 계발과 제2의 직업을 준비하는 데 좀 더 집중해야겠다는 결심을 했다.

그 이후 시간 가는 줄 모르고 바쁜 업무에 매달리다 보니, 어느 덧 50세가 되었다. 인생 설계서를 작성한 그때를 돌아보니 1차 목표는 달성한 셈이었다.

1차 목표를 달성하고 나니 그 이후의 생애 설계서 작성은 보다 구체적으로 할 수 있었다. 앞으로의 10년이야말로 무에서 유를 창조하는 것이라고 생각했다. 마음을 가다듬고 다음과 같은 구체적인 행동 목표를 정했다.

첫째, 열정적으로 행동하자.

둘째, 인간관계에 승부를 걸자.

셋째, 자기계발에 박차를 가하자.

회사는 연말만 되면 임원 선임 발표가 있다. 필자도 이쯤 되면 혹여나 하는 기대감에 여러 번 마음의 준비를 한 적이 있다. 나이 50살을 넘으니 임원 선임보다는 팀장 직책을 유지하게 되느냐가 더 현실적으로 와 닿았다. 팀장 선임할 때 나이가 많다는 둥, 후배에게도 기회를 주어야 한다는 둥, 세대교체를 해야 된다는 둥, 나이로 인한 많은 제약이 있었다.

쉰두 살 된 연말이었다. 직속 상사는 내 이름을 팀장 명단에 넣어 결재를 올렸더니, 새로 부임한 부사장이 나이 든 사람에 대한 부정적인 이야기를 많이 했다고 한다. 하지만 여러 가지 이유를 들어 추천했기에 통과가 되었다고 말했다. 그래서 연말까지 한정적이었지만 팀장이 되었다.

"경 팀장도 이제 마음의 준비를 해야 될 것 같다."

"아, 네 감사합니다. 열심히 하겠습니다."

1년 동안 열심히 하겠다고 생각했다. 그 실천 방안으로 위에 정한 행동 목표를 다시금 되새겼다. 그동안 상사 경조사에는 쑥스러워서 참석을 거의 안 했다. 그렇지만 결심한 것도 있고 해서, 그해 봄 상사 자녀의 혼사에 참석했다. 이것도 큰 용기를 낸 결과였다. 그해 가을에 부사장님이 부모상을 당했을 때도 용기를 내어 참석했다. 눈치도 보였지만 그래도 한 번 다녀보니 회사에서 보던 상사와 개인적인 만남이라 나쁘지 않았다.

그해 가을, 우리 부서 직원의 상사 평가에서 필자는 하위 그룹에 속했다. 하위 그룹에 속한 팀장 3명은 차상위자(내 상사의 상사)와 특별 면담을 해야 했다. 그래도 연말까지는 팀장직을 유지하겠지 생각하며 면담에 임하였다. 차상위자의 말은 부하 평가는 양면성이 있기에 상위 그룹에 속한 팀장이 더 문제가 있을 수도 있다고 하면서 너무 실망하지 말라고 했다. 또한, 평가 결과를 참고해서 조직을 잘 운영하라며 격려와 당부를 아끼지 않았다.

그 이후 부서 평가 결과를 참고해서 부서를 운영한 결과 구성원들이 전보다 반응이 좀 더 좋아지는 것을 느꼈다. 그해 연말 나의 상사는 팀장 대상에서 나를 제외하고 결재를 올렸다. 그 이유는 올해 팀장을 시킬 때, 내년에는 안 될 수도 있으니 마음의 준비를 하라고 했던 결과라는 생각이 들었다.

내 상사는 나를 팀장으로 추천하지 않는 이유를 차상위자에게 이렇게 보고했다.

"팀장 중에 나이도 제일 많고 후배에게 기회를 주기 위해서 경 팀장을 추천하지 않았습니다."

그 말을 들은 차상위자는 나를 팀장으로 선임하라며 이렇게 말했다.

"나이가 무슨 문제인가, 열정 있고 능력 있으면 되는 것 아닌가?"

이는 전에 세운 '앞으로 10년의 구체적 행동 목표'인 인간관계, 열정, 자기계발을 실천한 결과라는 생각이 들었다.

• 열정적으로 행동하면 열정적인 사람이 된다 •

카네기의 말이다.

10년 계획을 세울 때 결심한 것을 실천하니 부정적인 상황이 긍정적인 상황으로 바뀌었다. 결심을 하기 전과 후는 나를 변화하게 만들었다. 계획을 가지고 실천을 하니 나도 모르게 보다 적극적인 마인드로 생활하게 된 것이다.

살아가면서 계획은 중요하다. 계획은 실천으로 이루어진다. 실천하기 위해서는 열정이 있어야 한다. 나는 10년 계획을 세우고 세 가지의 행동목표를 정했다. 그리고 그것을 이루기 위해 결심을 했고, 열정을 가지고 노력했다. 열정적으로 생각하고 열정적으로 행동하니 열정적인 사람이 되었다.

열정은 남의 입에 든 사탕까지
뺄 수 있게 한다

●

도전하라. 새로운 길을 내는 것은 무언가를 시도하는 것에서 출발한다.
지금 있는 길이 처음부터 있었던 길은 하나도 없다.

울산 성암 매립장에 한겨울에 방문하게 되었다.

허허벌판의 매립장 복토 위에 올림픽 성화와 같은 횃불 수십 개
가 불타고 있었다. 그 불을 보는 순간, 마음속에 열정의 불이 훨훨
타올랐다.

매립장에서 가스가 나오는 것은 처음 보았고, 그 순간 '아! 이런
것이 있구나.' 하고 감탄을 하게 되었다. 그것은 매립장에 있는 유기
물이 분해되는 과정에서 발생되는 메탄가스를 태우는 것이었다.

이 메탄가스를 그대로 방치하게 되면 옆으로 퍼져나가서 화재
위험도 있고, 잘못될 경우 지하 폭파가 일어날 수 있기 때문에, 관
을 설치해서 가스가 그 관을 타고 나와서 배출하게 된다. 이 가스

는 냄새가 많이 나고 화재 위험도 있기 때문에 연소 후 안전하게 배출하는 것이다.

이 메탄가스는 우리가 이야기하는 천연가스(CH_4)다. 이것을 회수만 할 수 있으면, 천연 가스정을 하나 확보하는 것과 같은 효과가 있다.

울산시의 매립장 담당자에게 물어보았더니 이 가스를 회수할 계획이 있다고 하였다. 이 메탄가스를 이용해서 수소로 만들어서 수소차의 원료로 사용할 계획이라는 것이다. 당시 수소는 석유화학 공단에서 발전으로 다량 생산하기 때문에 메탄가스를 이용해 수소를 만든다는 것은 경제성이 없었다.

시청의 담당자는 사업자가 사업 제안을 하면 그것을 검토할 예정이라고 했다.

2005년 당시에는 우리나라에서 수소차를 만들지 않았고, 그것이 현실화되기 위해서는 많은 시일이 소요될 것이라 생각했다. 석유화학에 오랫동안 근무한 필자의 안목으로 볼 때, 이 메탄가스를 LNG나 LPG 대체 연료로 활용했을 시 매우 경제적이라는 것을 직감적으로 느낄 수 있었다. 메탄가스는 조금만 불순물을 처리하면 LNG로 대체할 수 있는 양질의 가스였다. 이 사업에 대한 개략적인 개요와 현황, 앞으로의 전망에 대한 검토보고서를 만들어 최고 경영층에 보고하였다. 우리 회사는 화석연료인 원유를 수입 정제하여 석유를 만드는데, 그 과정에서 지구온난화의 주범인 CO2를 비롯한 각종 공해 물질을 내뿜는다며 많은 비판을 받았다. 특히 국가나 사회가 환경적인 측면에서 우리 회사를 바라보는 시선이 곱지 않았다. 그런 실정이었기에 정유업계에서 자발적으로 대체에너지를 개발해서 화석연료를 대체하면, 대외적인 이미지 개선과 회사 홍보에도 커다란 효과가 있을 것이라며, 최고 경영층에서도 적극적으로 추진하는 것으로 방침을 정했다.

이후 팀 내에서 LFG(매립장 가스) TFT를 구성해서 사업 계획서를 작성하게 되었다. 우선 인근의 회사에 대한 연료 사용 현황을 조사하였고, LFT 이송 방법과 LFT 가스를 사용할 의사가 있는 회사 등을 알아보았다. 매립장 인근 5KM 이내에 있는 한 석유화학 업체에서 사용이 가능하다는 긍정적인 답변을 받았다. 이송 LINE의 루트도 매립장과 바로 연결되어 있어, 별도의 토지 구매나 승인이 필요 없었다.

그래서 LFG 사업에 대한 실현 가능성은 높아졌고, LFG를 정제하는 기술을 찾는 문제만 남아있었다. 그 기술을 찾기 위해 알아보던 중, 당시 서울에서 지구온난화 가스인 LFG 사용 심포지엄이 열리고 있다는 것을 알게 되어, 그곳에 참여했다. 여러 강연 중에 덴마크에서 온 한 연사의 강연을 들었는데, 그를 통해 덴마크에서는 실제 LFG 가스를 이용하여 화석연료를 대체하고 있다는 사실을 알게 되었다.

연설이 끝나기를 기다렸다가 그 연사(기술자)를 찾아가서 우리 사업 계획을 간략하게 설명하고는 울산으로 갈 수 있는지를 물어보았다. 그 연사는 좋다고 했고, 함께 울산으로 내려왔다. 그리고는 현장을 보여주고, 최고 경영층에 인사를 시켰다. 그래서 MOU까지 맺게 되었다.

이렇게 해서 LFG 사용처를 확보하고 정제 기술을 갖게 되어 구체적인 사업계획서를 작성하게 되었다. 울산시청과 협의하는 과정에서 기존에 수소 연료화 사업을 진행하던 한 업체가 있다는 사실을 알게 되었고, 그 회사와 우리 LFG 가스 사업은 서로 경쟁하게 되었다.

울산시에서는 되도록 두 회사가 잘 협의하여, 효과적이고 경제적인 활용 방안이 도출했으면 좋겠다고 했지만, 양측은 원활하게 협의하는 데 실패했다. 결국, 각각의 사업계획서를 만들어 한국 환경관리공단 주관으로 시행하는 공개 입찰 공모에 참여하여 서로 경쟁하게 되었다.

환경관리공단에서 심사를 받게 되었다. 심사는 서울 외곽에서 비밀리에 진행되었는데, 양쪽은 밖에서 밤새도록 기다렸다. 아침 시간이 지나도 발표가 나지 않아 불안했고, 흘러나온 정보로는 기술 평가 시 의견이 분분해서 결론을 내지 못해 지연되고 있다고 했다. 아침 9시에 결과가 나왔는데 우리 사업이 선정되었고, 나는 그 자리에서 최고 경영진에게 보고했다. 울산으로 내려오는 고속버

스에 몸을 실었는데, 생전 처음 입찰에 성공한 기분은 세계를 정복한 것 같은 희열을 느끼기에 충분했다. 구성원의 노고와 상대방과 갈등 관계에서 오는 스트레스가 해소되는 것을 느꼈고 개선장군처럼 회사에 복귀했다.

그러나 그것도 잠시였다.

울산지방 신문에 가격도 싸고 고도 기술의 수소화 사업 제안이 떨어지고, 단순한 연료를 사용하는 우리 사업 제안이 채택된 것은 잘못이라며 대서특필되었기 때문이었다. 또한, 부정이 있는 것이 아닌가 하고 의심을 하기도 했다. 입찰에서 실패한 측에서 검찰에 고발한다며 입찰 관련 자료를 환경관리공단과 시청에 요청한다고 했다.

고발과 관련하여 신문사에서 기자회견을 요청하여 울산시청 프레스센터에서 기자회견을 했다. 그 회사의 주장이 옳지 않음을 강력하게 피력했으며, 그 업체의 수소화 기술이 세계적으로 상용화되지 않았다는 것과, 실제 적용되기에는 사업비가 많이 들기 때문에 실용성이 없다는 자료를 만들어 제시했다. 여기서 상대 기술과 우리 기술의 경제적인 평가 측면, 실제 상업화 가능성, 기술의 복잡성을 종합적으로 설명을 하게 되었고, 신문기자들도 많은 부분 수긍을 했다. 상대방은 그래도 다시 법적으로 고소하겠다고 이야기했고, 우리는 법적 대응도 불사할 수 있다는 자신감을 내보였다. 그런 과정에서 울산시와 기자, 관련 기관들이 중재를 하여 분쟁은

끝이 났다.

우리 팀은 덴마크 현지까지 가서 LFG를 연료를 사용하고 있는 현장을 견학했다. 그런 후 절차를 거쳐 패키지화된 정제시설을 6개월에 걸쳐서 제작하고 수입을 했다. 덴마크 회사와 기술제휴를 해서 울산 성암 매립장에 포집 시설과 정제시설을 설치했다. 프로젝트를 진행하면서 LFG 사업을 할 수 있는 기술과 노하우를 축적할 수 있었다. 타 지자체에게 울산 성암 매립장의 성공 사례를 벤치마킹하도록 홍보도 하고, 사업의뢰도 받아서 사업 영역을 넓혔다. 그 결과 경제적인 이익과 지구온난화 가스 저감이라는 두 마리의 토끼를 잡을 수 있게 되었다. 회사는 화석연료를 수입해서 판매하는 회사에서 벗어나 대체에너지를 개발하는 회사로서 거듭나며 이미지 개선을 하게 되었다.

• 도전을 하게 되면 없던 길도 생긴다 •

새로운 길을 내는 것은 무언가를 시도하는 것에서 출발한다. 지금 있는 길이 처음부터 있었던 길은 하나도 없다. 또한, 우리가 가야할 모든 목적지에 길이 나있는 것도 아니다. 길이 보이지 않는다고 가지 않는다면 길은 영원히 생기지 않는다. 목표 달성을 위해서는 없는 길도 새로 만든다는 생각을 하며 도전해야 한다. 그것이 열정이다. 열정을 가지고 나아간다면, 지금은 길이 없더라도 조금씩 문제를 해결해나가는 과정에서 새로운 길이 만들어지는 것이다.

Lesson 2

인간관계와 자기관리

인간관계가 어려운 이유
_우호적인 인간관계 9가지

●

불평하지 말라. 공감하고 경청하라.
상대방으로 하여금 중요하다는 느낌이 들게 하라.

미국의 카네기 연구소에서 조사한 결과 발표에 따르면 최종적으로 성공한 사람 중 15%는 자신의 기술적 지식에 의한 것이며, 85%는 인간관계 즉 다른 사람과 좋은 관계를 맺는 능력 덕분이라고 한다.

남보다 뛰어난 능력으로 성공한 15%의 사람, 예를 들어 변호사라면 아주 뛰어난 법률 지식을 갖고 있는 사람이며, 회계사라면 회계에 관한 지식이 아주 뛰어난 사람이다. 반면 그렇지 않은 85%의 사람은 다른 사람과 잘 지내는 능력, 즉 자신의 생각을 잘 표현하고 다른 사람의 생각을 잘 받아들여 원만하게 지냈기 때문이라는 것이다.

인간관계는 왜 어려운가?

직장인에게 가장 어려운 것이 무엇이냐고 물어보면 많은 사람이 직장 내 인간관계라고 답한다.

왜 매일 닥치는 일의 문제보다 인간관계를 더 어렵다고 말하는 것일까?

필자는 그 이유를 학교 시절에 성공을 위하여 오직 공부에만 노력을 기울였지, 실제 필요한 인간관계에 대한 공부와 노력은 하지 않았기 때문이라 말하고 싶다.

미국의 실리콘 밸리에서 인포시크를 비롯한 세계 IT 업체로 성공한 벤처 사업가 K씨는 이렇게 말한다.

"내가 사업에 성공할 수 있었던 것은 좋은 인간관계를 맺었기 때문이다. 나는 MIT 공대에서 최고의 공학기술을 배웠지만 정작 가장 중요한 인간관계에 대해서는 배우지 못했다. 공학기술과 인간관계 기술 가운데 한 가지만 택하라면, 나는 서슴지 않고 인간관계 기술을 택할 것이다."

그는 IT 사업의 성공에 가장 중요한 요인은 뛰어난 기술이 아니라 뛰어난 인간관계라고 말했다.

인간관계에 있어서 극복해야 할 것 중 하나는, 대부분 사람이 무언가를 얻기 위하여 인간관계를 시작한다는 것이다.

사람은 자신을 기분 좋게 해주거나 무엇이든 도움을 줄 사람을 찾고자 노력한다. 그렇지만 관계가 지속하는 유일한 방법은 관계를 통해 무언가를 얻는 것이 아니라, 무언가를 주는 것으로 시작해야 한다.

사람 관계를 유심히 살펴보면 뜻밖의 사실을 발견할 수 있다. 다른 사람과 함께 일할 때, 기꺼이 손해 볼 줄 아는 사람을 선호한다는 것이다. 남보다 더 많이 일하지만, 수익을 덜 챙기는 사람, 그런 사람과 일하는 것을 사람은 원한다.

주변에 많은 사람과 인간관계를 맺는 사람을 살펴보면,

첫째 돈과 권력으로 사회에 영향력을 발휘하는 사람이며,

둘째 정보나 지식을 많이 가진 사람이며,

셋째 즐거움을 나눠주는 사람이다.

돈, 권력, 정보 등은 한정적이며 있다가도 없어지는 것이다. 하지만 즐거움을 나누는 것은 없어지는 것이 아니다.

카네기는 이렇게 말했다.

"언제 어디서든 모든 사람에게 나눠 줄 수 있는 우호적인 성품을 갖추는 것이 인간관계 증진의 첫 번째이다."

• 카네기 우호적인 인간관계 9가지 •

1 비난 비평 불평하지 말라.

2 다른 사람의 순수한 관심을 기울여라.

3 공감하고 경청하라

4 상대방의 체면을 세워 줘라.

5 상대방의 이름을 잘 불러 주고 기억하라

6 솔직하고 진지한 칭찬과 감사를 하라

7 다른 사람의 열렬한 욕구를 불러일으켜라

8 미소를 지어라

9 상대방으로 하여금 중요하다는 느낌이 들게 하라.

100억과 바꾼 동료
_체면을 잃게 되면 자존심에 상처를 입는다

●

공개적으로 지적하여 상처를 주는 일을 하지 말라.
그런 것이 때로는 돌이킬 수 없는 불행한 상황을 만들 수 있다.

회사에서 비상경영체계로 전환한다는 공문이 나왔는데, 모든 예산 집행은 보류하고 예산을 재조정하라는 지시였다. 그 공문 속에는 현재 진행 중인 '질소화합물 저감장치' 투자 비용을 줄이라는 내용도 들어있었다. 나는 현안을 시급한 것, 중요한 것, 법적인 것으로 분류하고 하나하나 원점에서 재검토하였다. 그리고 비용을 줄일 수 있는 안을 만들었다. 그 안을 가지고 부사장 참석 하에 우리 부서(기술부)와 관련 부서인 법적관리부와 운전부서와 함께 회의를 했다.

그 프로젝트의 초기 예산은 300억 정도였는데, 내가 만든 안은 100억을 줄인 200억 정도였다. 그 안에 대해 법적관리부는 법적으로 문제가 있음을 문제 제기했고, 운전부서는 그렇게 하면 운영에 문제가 예상된다며 반대했다. 하지만 나는 법적인 문제는 현재 법 기준치를 50% 수준에서 운용하는 것을 70% 수준에서 운용하면 문제가 되지 않음을 주장했고, 운전부서에서 제기한 문제가 생길 수 있다는 부분에 대해서는 기술적으로 풀 수 있다고 응대했다. 부사장 앞이라 서로 양보할 수 없이 팽팽한 논쟁이 계속되었다. 결국, 회의는 결론이 없이 끝났다. 회의에 참석한 두 부서의 관리자는 평소 나와는 친한 동료였지만, 이 문제로 하여 서로 팽팽하게 대립하게 되었다.

회의에서 돌아와 다시금 두 부서에서 주장하는 것에 대해 분석했다. 법적인 측면, 기술적인 측면, 운전적인 측면 등 다각도로 분석한 결과, 운전부서에서 주장한 시스템은 운전적인 측면에서만 고려가 되었고, 법적관리부서에서 주장하는 것도 자신의 부서 입장만 고려한 주장이라는 결론을 내렸다.

그러한 데이터를 가지고 다시 부사장 앞에서 발표했다. 법적관리부, 운전부서, 정비부서, 자금예산부서 등 관련 부서 모두가 모여 회의를 했는데, 다시 법적관리부, 운전부서와 내가 속한 기술부에서 세 명의 부서장 주장이 팽팽하게 대립했다.

서로 자기 입장만 피력하다 보니, 동료애, 신뢰 등이 무너지게 되었다. 하지만 부사장이 있는 자리에서 한 치의 양보도 없이 서로 지지 않으려고 싸웠다.

그러다 보니 평소 친한 관계였던 동료와 더욱 사이가 벌어졌다. 이래서는 안 되겠다 싶어 먼저 화해를 하기 위해 저녁을 함께하자고 제의를 했지만 둘 다 거절했다. 그 동료들은 내가 잘난 체한다고 생각했고, 공을 혼자 가로채려 한다고 인식한 것이다. 결국, 내가 제안한 안은 무산이 되었고 한 해가 지나갔다.

다음 해에 나는 각 부서에 다니면서 요구사항이나 문제점을 모두 조사하여 기록하였고, 안을 보완하여 다시 안을 만들어 발표하게 되었다.

발표를 들은 부사장은 현 시국이 비상시국임을 강조하면서, 우리 기술 파트에서 만든 안을 법적관리부서나 운전부서에서 검토하라고 지시했다.

하지만 두 부서는 다시 만난 회의 자리에서도 또다시 자기의 입장만 강변하였다. 법적인 문제와 안전의 문제를 들먹이며 거부한 것이다.

그러자 부사장은 기술부, 법적관리부, 운전부와 서로 협의해서 공동을 안을 만들라고 지시했다.

그래서 실무자들끼리 모여 검토를 했는데, 다른 부서들은 "그렇게 자신 있으면 기술부에서 알아서 하고 모든 책임도 지라."라고 했다. 나는 자신이 있었기에 책임을 지겠다고 했다. 그래서 초기 300억 원 예산에서 100억 원을 줄인 200억 원으로 사업을 시작하게 되었다.

라이선스사를 선택하고 설계를 시작했다. 그런데 설계 과정부터 현장부서와 관리부서에서 태클이 들어왔다. 내가 선택한 회사에 대해 다른 회사에서 설계에 하자가 생겼다는 둥, 오래된 기술이라 문제가 많다는 둥 사사건건 이의를 제기한 것이다.

그때마다 라이센스사에 가서 의논하고 그 사항을 다른 부서로 피드백을 하면서 공사를 계속 진행했다. 공사가 완료되고 현장 가동에 들어갔다. 그때까지도 법적관리, 운전부서는 못마땅해하며, 계속 트집을 잡았다. 서로 협력해도 모자랄 판에 3자 입장에서 비판만 하다 보니, 추진에 어려움이 많았다. 특히 우리 회사에 처음 도입한 시스템이기 때문에 관련 부서의 협조가 절대적으로 필요했는데, 그렇게 해주지 않으니 더욱 힘이 들었다. 법적인 문제도 없었고, 운영에도 문제가 없었는데, 사소한 일만 생겨도 우리 부서인 기술팀을 원망했다. 그와 같은 우여곡절을 겪으며 결국 프로젝트를 완성했다.

돈은 절약했지만 완전한 시스템이 되지는 못했다. 결과적으로 볼 때 아무리 좋은 시스템이라도 반대 의견을 가진 상대방에 대해 설득하거나, 동의를 얻지 못하면 반쪽짜리 성공밖에 되지 않음을 느꼈다.

지나서 생각해 보니, 100억 원이라는 돈을 절약했지만 친한 동료를 잃은 결과가 되었다. 어쩌면 그 동료들과 나의 관계는 100억 원짜리였다는 생각이 들었다. 내 행동 여부에 따라 100억 원짜리의 관계가 끊어지지 않을 수도 있었을 거라는 아쉬움이 남았다. 그때는 생각하지 못했지만, 분명 그들의 주장도 나름의 논리가 있었다. 그런데 부사장 앞에서 내 논리만 너무 강하게 주장했고, 그들을 배려하지 않았다. 분명 내 주장에 객관적으로 인정할만한 당위성이 있었다 하더라도 표현에 신중을 기해야 했고, 나와 다른 주장을 펼치는 그들을 배려했어야 했다. 그것이 협력이다. 내가 제안한 안은 결실을 맺었지만, 난 그들로부터 잘난 체하는 인간으로 낙인찍혀 버렸다. 부사장 앞에서의 내 행위로 인해 그들과 다시 이을 수 없을 정도로 인연이 끊어져버렸다. 끊어진 연은 멀리 날아가 버렸다. 회의가 끝이 난 이후라도 난 그들을 설득하는 작업을 충분히 했어야 했다.

그 일이 있고 얼마 후 그 둘은 회사를 그만두었다. 그 일이 직접적인 영향이 되지는 않았지만, 간접적인 요인이 되었을 거라는 추론이 가능하다. 내가 좀 더 신중하게 처신했더라면 하는 아쉬움이 남는다. 회사 일에 충실했지만, 결과적으로 나는 100억 원짜리 관계를 날려 버린 셈이다.

• 상대방의 체면을 살려줘라 •

상대방의 체면을 살려주라고 카네기는 말했다. 설령 내가 옳고 상대방이 잘못되었다고 하더라도 체면을 잃게 되면 자존심에 상처를 입게 된다. 공개적으로 지적할 때는 당하는 사람은 분노를 불러일으키게 된다. 우리나라에서도 체면을 상해서 대기업 총수나 고위직에 있는 사람이 극단적인 선택을 하는 것을 매스컴을 통해 종종 보게 된다. 특히 체면 문화를 가장 중시하는 일본의 경우 체면이 손상을 입게 되었을 때, 할복까지 하는 사례도 있다고 한다.

가정에서도 특히 배우자의 체면을 손상하지 말아야 한다. 아이들 앞에서 체면이 깎이지 않게 해야 큰 상처를 입지 않는다.

어떠한 상황에서도 공개적으로 지적하여 상처를 주는 일은 없어야 한다. 그런 것이 때로는 돌이킬 수 없는 불행한 상황을 만들 수 있는 것이다.

백 번 찍어 안 넘어간 나무
_마음의 문을 열게 하라

●

체면은 상대방의 자존심에 해당한다. 그러므로 체면을 존중해준다는 것은
그 사람의 마음의 문을 열게 하는 시발점이 된다.

농장의 건물을 지어준 A업체가 있었는데, 그 당시 집을 아주 잘
지었다. 처음 집을 짓는 것이고 처음 업체였기에 나도 잘해주었고,
그 사람도 잘해주었다. 그래서 그 사람에게 아는 지인의 공사 소개
도 많이 해주었다. 그 업체는 소개 덕분에 인근의 주전과 정자에
많은 일을 할 수 있었다. 우리도 다른 일할 것이 생기면 그 사람에
게 맡겼다.

3년 후에 다른 집을 지을 때도, 설계사무소에서 추천하는 업체
가 있었지만, 그 A업체를 선택했다. 그 이유는 그 사람을 신뢰했고,
우리와 소통이 잘 되었기 때문이다. 설계사에서 소개해주는 업체
를 선택하지 않은 탓에 공사 도중에 설계와 현장이 다른 부분이 생

겼는데, 그 A업체는 임의로 설계와 다르게 시공했다. 그것이 설계사무소의 지적사항이 되어 재시공해야 할 상황이 되었다. 재공사로 인한 공기 지연에 추가로 돈이 들었지만, 하자에 이의를 달지 않기로 설계사무소에 이야기하고 그대로 시행하게 했다. 시공사가 손해를 보지 않게 하려고 했기 때문에 감정이 상한 설계사무소로부터 제대로 감리를 받지 못한 채 공사가 마무리되었다.

그 후에 농장에 다른 공사를 할 일이 생겼다. 공사업체를 구해야 했기에 참고로 몇 군데를 알아보고 A업체에게 맡기기로 했다. 그 당시 A업체는 일거리가 없었다. 다른 곳에서 여름에 공사했는데, 손해를 많이 보았다고 했다. 공사를 시작하면서 A업체는 80%의 돈을 선금으로 달라고 요구했다. 검토해보겠다고 하며, 계좌를 보내라고 했다. 그런데 자기 명의가 아니라 딸 명의의 계좌를 보냈다. 그 이유는 신용 상황이 좋지 않아서라고 생각했다. 아내가 먼저 돈을 보내는 것에 반대를 했기에, A업체에 30%를 선금으로 주고 자재비는 자재상에 직접 가서 계산해주는 것과 공사 진행 상황에 맞추어 추가로 돈을 준다는 제안을 했다.

그런데 다음 날 전화를 하니 받지 않았다. 문자도 안 받았기에 직접 그 사람을 찾아가서 만났다. 그 사람은 자신을 믿지 못하는 나에게 기분이 나빠서 일을 못 하겠다고 했다.

"건축주가 나를 거치지 않고 직접 자재업체에게 돈을 주면, 건축주가 자기를 못 믿어서 그러는 것이라고 자재업체가 생각할 것이고, 그러면 나는 무엇이 됩니까?"

A의 말에 미안하다고 하면서, 자재를 사고 전화하면 바로 송금을 해주겠다고 했다. 알았다고 하고 헤어졌지만, 또 전화를 받지 않았다. 찾아가서 다시 설득을 했다. 하지만 다음 날 농장에 오겠다고 하고서는 오지 않았다. 전화를 100여 통 이상이나 했지만 결국 받지 않았다. 일이 진행되지 않으니 아내가 물어보았지만 얼버무렸다. 아내는 "내가 너무 했나?"라면서도, 그래도 딸의 계좌에 돈을 보내는 것은 뗴일 우려가 있다고 말했다.

그러다 3~4개월이 지났다. 아내는 미안해하며 다른 곳을 알아보라고 했다. 여러 군데 물색해 보았지만, 업체를 구하기가 어려웠다. 한편으로는 공사 진행이 안 되어서 아내가 그냥 넘어가 주지 않은 것에 대해 아쉽기도 했지만, 돈을 떼이는 것보다는 낫다고 생각했다.

최종적으로 다시 문자를 보냈다. 전화해서 미안하다는 말도 하며, 앞으로는 이것과 관련된 내용으로 더는 연락하지 않겠다고 문자를 보낸 것이다. 하지만 A는 답장도 없었고 전화도 없었다. 3일 후에 다시 문자를 보냈다.

"체면을 깎이게 한 것에 대해 미안하다. 찾아가고 문자도 한 것에 대해 답변을 해주지 않은 것도 섭섭하게 생각하지 않겠다. 앞으로 사업이 잘되고 행복하기를 바란다."

A에게도 어려운 시기였던 것 같은데, 그의 체면이 깎이게 되어

큰 상처가 되지 않았는지 반성하며 아내에게 이런 상황을 만드는 것은 삼가야겠다고 말했다.

　주변 사람을 만날 때마다 공사업체 구하기가 쉽지 않다고 말했다. 그러다 평소 알고 지내던 포수에게서 한 사람을 소개받았는데, 포수의 형님 B였다. 그 후에 다른 한 업체 C를 알게 되었고, 두 곳에 견적을 요청했다. 그런데 먼저 알게 된 B가 견적 내는 것을 미적거리던 중, 뒤에 알게 된 C가 바로 견적서를 제출했다. 그 후 B로부터 연락을 받았지만, 그에게는 예전에 집을 지은 업체에게 공사를 맡겼다고 둘러대었다. C를 선택하게 된 이유는 일에 대해서 열정이 있는 것처럼 보였고, 열정을 가지고 일에 임하는 사람이 일을 더 잘 할 수 있을 거라 판단했기 때문이다.
　이 사람은 자재비가 많이 든다고 50%의 돈을 요구했다. 아내와 협의를 했는데, 아내가 알아서 하라고 했다. '아내도 전에 일로 인해 상처를 많이 받았구나.' 하는 생각을 했다. 50%는 못 주고 40%를 주었다. 자재를 사는 데 따라갔다. 발주를 내는 것을 보고 자재업체에게 이것은 우리 농장에 오게 해달라고 구두로 이야기를 했다. 철강 회사에 가서는 자재를 사고 직접 내 카드로 결제를 했다. 이 사람들이 진짜 일을 할 것인가? 자재가 올 때까지 걱정이 되었다. 자재 공급업체에게 전화하니 걱정하지 말라고 했다. 집 한 채 지을 때, 사기를 당하려면 순간에 당할 수도 있겠다 하는 생각이 들었다.

자재가 들어오는 것이 연기되니 다시 불안해지기 시작했는데, 그때 C가 자신의 형과 함께 왔다. 순간 형제라고 하니 믿음이 갔다. 그때 점심, 저녁도 사주며, 인간적인 유대관계를 맺었다. 그러자 그들에 대한 믿음이 생겼고, 자재가 제대로 들어올 수 있을까 하는 걱정에서 벗어나 편안해졌다. 이 모든 것이 큰 기업을 상대하거나 보증을 세우거나 하지 않고, 영세업체를 상대하기 때문에 겪게 된 일이었다. 결과적으로 사람과의 관계가 중요하다고 생각해 그들이 견적 낸 돈보다 좀 더 많은 공사금액을 지급했다. 나를 돈보다 퀄리티와 약속을 중요시하는 사람이라 생각했다고 말하는 그들에게 나는 이렇게 대답했다.

"한쪽에서 이익을 많이 남기면, 언젠가는 한 쪽이 손해를 본다. 공사를 하기 전에 서로 의견을 충분히 나누어 재시공하지 않는 것을 목표로 하자. 그리고 항상 소통하자."

그들도 흔쾌히 동의했다. 집을 지으면 스트레스로 하여 삼 년을 못 산다는 말이 있지만, 이 공사는 그 사람을 만나 잘 진행되었다. 소통이 잘 되니 일하는 것이 엄청 즐겁기까지 했다. 지나가는 사람이 공사하는 것을 보고 꼼꼼히 한다고 명함을 받아 가기도 했다. 지인이 집을 짓는 것을 알고서 소개해주니, 그 지인도 자신의 집을 지을 때, 이 사람에게 맡기겠다고 했다. 어떤 일을 하더라도 상대방과 인간관계를 잘 형성해 두면, 일도 잘 진행되고 결과도 좋다는 것을 느낀 경험이었다.

아내도 만족하였다. 앞의 A업자에게 일을 맡기려고 고생을 많이 한 탓에 공사하면서 겪는 일은 고생으로 생각되지 않고 오히려 보람으로 다가왔다.

공사가 잘 진행되던 중, 코로나 사태와 업체의 자체 사정으로 인해 마지막에 공사가 상당 기간 지연되는 문제가 발생했다. 나는 그에게 공기지연에 대해 문제를 제기하지 않았고, 오히려 체면을 살려주려고 노력했다. 공기 지연에 대해 많은 불편을 겪었음에도 불구하고 그 사람이 하는 말에 대해 100% 공감해주었다. 공사가 늦어짐에 따라 공사 금액을 견적보다 더 많이 주었음에도 불구하고, C업체가 적자를 보는 것이 눈에 보였다. 하지만 그들은 적자를 감수하면서 공사해도, 나에게 추가 금액을 요구하지 않고 공사를 마무리해주었다.

• 마음의 문이 열려야 협력을 끌어낼 수 있다 •

그러면 상대방은 자신의 불편이나 손해를 감수하고서라도 체면을 지키기 위해 노력한다. 여기에 제시된 두 가지 사례 중 하나는 체면을 깎이게 만든 경우고 하나는 체면을 세워준 경우이다. 체면을 세워주었을 때와 그렇지 않았을 때, 결과는 완전히 반대가 되었다.

체면이라는 것은 상대방의 자존심에 해당하는 영역이다. 또한, 유교 문화권에 속한 우리 민족은 체면을 중요시한다. 체면을 존중해준다는 것은 그 사람의 마음의 문을 열게 하는 시발점이 된다. 마음의 문이 열려야 협력을 이끌어낼 수 있게 되는 것이다.

어머니와 검둥이
_속마음을 표현하라

●

상대방의 관점에서 바라보라. 가까이 있지만 지나치기 쉬운 사람들에게
더욱 관심을 가져라. 살아가는 동안 많이 표현하라.

충북 괴산군 소수면 산골 동네에 딸 넷을 둔 삼대독자 집안에 장
남으로 태어났다. 나는 집안에서뿐만 아니라 우리 동네에서도 귀
한 아이로 취급받았다.

주변의 특별한 관심 속에서 자라온 탓에 나는 늘 남과 다르게 행
동해야 한다고 생각하며 어린 시절을 보냈다. 부모님은 늘 우리 집
은 장남이 잘되어야 한다며 집안의 모든 일을 아들인 나 중심으로
돌아가게 했다.

본의 아니게 이런 과정에서 누나 동생들은 중학교, 고등학교 진
학을 포기하게 되었고, 어린 나이에 공장 생활을 하기 위하여 낯설
고 먼 객지로 떠나야 했다. 또 남은 형제들은 집안 농사일에 일찌

감치 뛰어들어야 했다.

이런 집안 식구들의 큰 희생으로 나 혼자만 대학에 진학할 수 있었고, 대기업에 취직하게 되었다.

결혼하고 회사 다니며 나 하나 살기에 바빴다. 그래서 주변 돌아보는 여유도 거의 없이 살았다. 세월이 흘러 연로하신 어머니는 혼자 고향 시골집에 살고 계셨다. 혼자 사시는 게 편하다고 늘 말씀하셨다.

"나는 괜찮으니 너희 식구들만 잘살면 된다. 그게 내가 가장 바라는 것이다."

이 말씀에 어머님 성격에 그럴 거야 하고 내심 안심했고, 또 함께 살아야 한다는 책임감에서도 다소 자유로움을 느끼게 되었다.

우선 내 가정을 잘 가꾸고 나중에 잘살게 되면 그동안 나 때문에 희생한 형제들과 부모님께 잘해야겠다고 생각했다. 그 당시 어머니 여생에 대해서는 깊게 생각하지 않았다. 아니 어머니 집 근처에 살고 있던 막내동생을 핑계로 어머니 여생을 애써 외면하고 싶었는지도 모른다.

80살이 된 노모는 가끔 전화하셔서 집안에 별일 없느냐고 물으시곤 했다.

"요즘은 너희들이 자꾸 보고 싶고 몸도 많이 약해졌다"

"엄마, 아프다 그러지 말고 병원에 가보세요. 회사 일이 바빠서 명절에나 찾아뵙겠습니다."

"그래 너희들이 안 바쁠 때 와라. 나는 괜찮다'"

이 같은 대화는 전화할 때마다 거의 똑같이 행해졌다.

하루는 어머니로부터 이런 전화를 받았다.

"야, 나 검둥이 치워버렸다."

검둥이는 어머니의 반려견이었다. 어머니가 추운 겨울에 마실 가면 신발 위에 앉아서 신발을 따뜻하게 덥혀놓고 있다가 같이 집으로 돌아오곤 했던 친자식 같은 반려견이었다.

"엄마 그게 무슨 말이야. 왜 검둥이를 치웠는데?"

어머니의 말씀이 이어졌다.

검둥이는 일주일 전에 새끼 여덟 마리를 낳았다. 새끼 여덟 마리가 검둥이 젖을 빨고 있는 것을 보면서 우리들 생각이 났다고 했다. 그날은 밖에 나가시는데 검둥이도 어머니를 따라나섰다. 큰길을 가는데 어머니 뒤에서 무슨 소리가 나서 돌아보니 검둥이가 차에 치여 도랑에 떨어져 울고 있었다고 했다. 놀라서 얼른 이웃 사람들과 같이 검둥이를 거적때기에 싸서 들고 집에 돌아와 새끼들과 멀리 떨어진 대문 부근에 놓았다. 하도 안됐고 불쌍해서 이웃집에 가서 맛있는 국을 얻기 위해 밖에 나갔다가 돌아오니, 검둥이가 그 자리에 없었다. 가만히 살펴보니 핏자국이 쭉 나 있는데, 핏자국을 따라가 보니 새끼들 옆에 피를 흘리며 누워있었다. 아직 눈도 뜨지 않은 새끼들은 필사적으로 어미젖을 빨고 있었는데, 검둥이는 이미 숨을 거둬 차가운 시신이 되어있었다고 했다. 어머니는 이

광경에 하도 기가 막혀 새끼들을 어미로부터 다 떼어 놓았다고 한
다. 그래도 검둥이 처지가 불쌍하고 안 되어, 그 길로 검둥이 새끼
와 검둥이를 함께 치워 버렸다고 한다. 그러면서 어머니는 울먹이
셨다.

"내가 너무 독하게 했지?"

나는 순간 뒤통수를 맞는 것 같았다.

'죽어가는 엄마 젖을 빨고 있는 그 강아지가 어머니 눈에는 어떻
게 보였을까. 그 강아지 새끼가 내가 아니었나? 나는 여태 어머니
의 모든 것을 뺏어온 것이다.'

여덟 마리 새끼 젖 먹인다고 눈도 쑥 들어가고 까칠한 검둥이와
같은 어머니.

그 후로 나는 어머니에 대한 생각이 달라졌다. 어머니가 늘 괜찮
다고 했지만, 그것은 늘 본인이 아프고 섭섭하고 서운하다는 말씀
이었던 것이다.

우리 어머니는 마음과는 반대로 말씀하셨나 보다.

• 상대방의 관점에서 바라보라 •

살아가는 동안 많은 사람에게 관심을 가지며, 그것을 표현한다. 직장 상사, 실력자, 유명인 등은 이미 많은 사람으로부터 관심을 받은 사람에 속한다. 하지만 부모님, 아내, 비서, 직원과 같이 가까이 있지만 지나치기 쉬운 사람들은 우리의 관심을 필요로 한다. 우리가 정상적으로 생활할 수 있도록 도움을 주는 그들에게 관심을 표현하고, 그들의 생활에 대해 물어 보자. 이렇게 관심을 보이면 우리에게 생각지도 못한 많은 혜택이 돌아오는 것을 보고 놀라게 될 것이다.

굽은 소나무를
펴려고 하지 말라

●

비난이란 집비둘기와 같다. 집비둘기는 집을 나갔다가 다시 돌아온다.
즉 자신이 한 비난은 결국 자신에게 돌아온다.

경주 괘능 뒷산에는 꾸불꾸불한 소나무들이 서로 다른 형태로
제멋대로의 멋을 자랑하며 장관을 이루고 서 있다. 땅에서 하늘로
물결치듯 서 있는 소나무 숲을 거닐다 보면 그들이 살아온 모습이
그대로 담겨 있다. 주변에 있는 다른 소나무들과의 간섭을 피해가
며 햇빛을 찾아가는 그들의 생존전략이 현재의 그들의 모습을 만
들어 놓은 것이다.

한 그루씩 별도로 떼어 놓고 보면 제멋대로 삐뚤삐뚤 휘어지고
비뚤어진 아주 못난 나무이다. 이 소나무가 곧게 똑바로 자라지 못
한 것은 성장환경에서 그럴 수밖에 없었던 이유가 있을 것이다. 이
것은 비난할 일이 아니라 인정할 일이다. 그들은 비난 비평 불평을

받을 이유가 전혀 없다. 그들 삶 자체의 소산물이기 때문이다. 사람의 성장환경과 사고방식, 습관, 성격은 나무 모양처럼 쉽게 눈으로 볼 수 없기에, 있는 그대로를 인정하지 못하고 지적하고 잔소리하는 것이 어쩌면 자연스러운지도 모른다. 하지만 상대방이 왜 그런 행동을 했을까 한 번쯤 이해하려 한다면 이해할 수 없는 것도 아니다. 이해하려는 자세, 그것이 좋은 인간관계를 만들어 준다.

성경에 이런 말씀이 있다. 어느 누구도 사람을 비난, 비평, 불평할 수 있는 권한은 없다는 말이다.

"모든 사람은 심판의 대상이 아니기에, 있는 그대로 인정하라."

필자에게 상담을 받는, 과거 기업체를 운영한 60대 후반인 한 남자가 있다. 그는 상담에 들어가기 전, 노모가 요양원에서 난동을 부린 행동에 대해 비난했다. 이어서 어머니 말에 부화뇌동한 두 동생에 대한 불만, 딸과 전화해서 아들이 잘못한 일을 다 일러 주는 얘기, 동네 친구와 다툰 이야기, 동네 사람의 무례함에 대한 비난, 지방 정계 인사에 대한 비판 등 끊임없이 불만을 이야기한다. 거침없이 30분 동안 이야기하고 난 뒤에야 본론에 들어갈 수 있다.

어제는 갑자기 그 사람이 두려워졌다. 그분 주변 사람은 모두 비평, 불평의 대상이다. 그렇다면 나도 언젠가는 그런 불평, 불만의 대상이 되지 않을까 하는 생각에 앞으로 이 사람과 관계를 정리하려고 마음먹었다.

엄마와 마누라의 잔소리는 백과사전에서도 나온다고 한다. 필자도 기센 어머니와 누나, 아내를 거치며 60년 동안 줄기차게 잔소리를 들으며 살아왔다. 몇십 년 전에 했던 잔소리를 지금도 그대로 듣는다. 나는 왜 이렇게 하나도 안 변하는 것인가, 잔소리의 근본에 대해서 생각해 보았다. 왜 그렇게 줄기차게 잔소리를 해도 나는 그것을 받아들이지 않을까?

그 해답을 괘릉에 있는 구불구불한 소나무의 모습에서 찾았다. 이제껏 형성된 습관과 성격이 굽은 소나무를 곧게 못 펴듯이 쉽게 고쳐지기 만무하다.

있는 그대로를 인정하지 않는 잔소리는 본인이 기준을 정해 놓고, 상대방이 고치든 안 고치든 끊임없이 강요하고 지적하고 지시하는 것 같다고 정의하고 싶다.

잔소리하기 전에 상대가 왜 그렇게밖에 할 수 없었는지 상대의 관점에서 한 번 더 봐주자. 그들의 이야기를 들어주고 공감한 후, 설득한다면 그들 스스로 변하지 않을까? 이것이 진정 상대방을 변화시키는 방법이다.

사람은 절대 타인을 변화시킬 수 없다. 사람은 자기 자신만을 위해서 변화한다는 말이 생각난다.

• 비난이란 집비둘기와 같다 •

이 말은 좋은 인간관계를 위해 아주 중요한 것이다. 흉악범들에게 범죄를 왜 저질렀냐고 물어보면 자기의 잘못을 뉘우치기는커녕 상대방이나 이 사회의 잘못을 탓한다고 한다. 실제 인간의 본성은 자신이 아무리 나쁜 짓을 했다하더라도 자기 자신을 합리화하며, 다른 사람을 비난하는 경향이 있다. 따라서 우리가 누군가를 비난, 비평하고 싶은 마음이 생겼을 때는 상대방의 입장에서 생각해보자. 비난이란 집비둘기와 같다는 것을 명심하자. 집비둘기는 집을 나갔다가 다시 돌아온다. 즉 자신이 한 비난은 결국 자신에게 돌아오는 것이다.

비난 비평 불평이 잦으면
신뢰가 무너진다

●

비난이 지나치면 오랫동안 쌓아온 신뢰가 무너지고,
비난, 비평을 하게 되면 좋았던 관계의 반이 날아가게 된다.

농장 내 큰 나무가 햇빛을 가려 농작물 성장에 방해가 되고 있어 앞 농장 주인과 함께 그 나무를 베기로 했다. 밭에 있는 나무지만 워낙 컸다. 나무 베는 것을 지나다니는 사람이 보면 괜히 안 좋게 생각할 것 같아 썩 내키지 않았다. 사람의 왕래가 적은 날을 택해 둘이서 점심을 먹으며 막걸리를 한잔하고 난 뒤, 크게 마음을 다잡고 나무를 베기 시작했다. 워낙 큰 나무인지라 잘 쓰러뜨려 다른 작물이 다치지 않도록 하기 위해, 밧줄로 리드선 만들어 연결해서 적당한 장소로 쓰러뜨리게 준비했다. 내가 전기톱을 들고 앞집 농장주인은 리드선을 당겨서 적당한 곳으로 당기면 되는 것이다. 톱으로 아무리 쓸어도 워낙 크기 때문에 한 번에 넘어지지 않았다.

나무를 벤다는 것은 생각보다 위험한 일이었다. 예상했던 곳으로 나무가 넘어지지 않을 수 있기 때문이다.

지난해 겨울 구청 공공사업을 하던 중, 쓰러지는 나무에 다쳐 두 명이나 사망한 사건도 있었다. 10여 분 동안 긴장과 두려움 속에 작업한 끝에 큰 나무가 뚜두둑 꽝 하는 소리를 내며 준비해 둔 장소로 쓰러졌다. 땀이 온몸을 다 적셨다. 하지만 쓰러진 나무를 보니 흥분도 되고 빨리 치워야겠다는 마음에 땀과 더위는 아랑곳없었다.

쓰러진 나뭇가지를 자르기 시작했다. 몇몇 가지를 자르고 큰 나뭇가지를 자르는데, 작업 위치가 좋지 않아 전기톱이 나무 사이에 끼었다. 아무리 해도 빠지질 않았다. 톱이 없어 더 이상 작업할 수 없었다. 이리저리 왔다 갔다 하는 내 행동이 이상했는지 옆 농장 주인이 천천히 하라고 하는 말이 사치스럽게만 들렸다. 급한 마음에 곁에 있는 옆 농장 주인에게 톱을 잡으라 하고 오른쪽 어깨로 그 나뭇가지를 들어 올리려고 온 힘을 썼다. 생각보다 무거웠다. 어깨 통증을 느끼는 순간 팔에 힘이 빠졌다. 나뭇가지를 내려놓고 오른쪽 팔을 보니 힘이 들어가지 않았다. 위급한 상황이었다. 다시 오른쪽 팔을 앞뒤로 흔들어 보니 문제가 없었다. 그런 상태로 가까스로 다시 나무를 자르고 일을 마쳤다.

그 이후, 낮에는 조심스럽게 일을 하면 어깨 통증이 없었으나, 잠을 잘 때는 어깨의 찌릿한 통증 때문에 편히 잠을 잘 수 없었다. 내일이면 좀 낫겠지 생각하며, 하루 이틀을 보냈다. 하지만 며칠이 지나도 통증은 가시지 않았다. 아내에게 이야기할까 생각했지만, 걱정하고 또한 잔소리할 것 같아 이야기하지 않았다. 몰래 한방병원을 찾아 물리치료도 받았고 일반병원에 가서 치료도 받았지만, 증세는 호전되지 않았다. 한 달을 그렇게 지낸 후에 전문병원을 찾아갔다. 초음파를 찍고 MRI까지 찍어 보니 오른쪽 어깨 회전근개가 완전히 파열되었다는 것이다. 수술하지 않으면 안 된다는 것이었다. 2주 후에 수술 날짜를 잡고 이 사실을 아내에게 이야기했다. 예상대로 우려와 잔소리가 시작되었다. 내가 잘못했기 때문에 조용히 참고 받아들여야만 했다.

9월 중순, 2주간의 입원 수술 후 퇴원했다. 그동안 농장은 장마철을 지나며 풀이 무성했고, 고추밭은 탄저병으로 앙상하게 변해 있었다. 산야초를 심은 밭과 표고목을 놓았던 자리는 산이 되어버렸다. 입원하기 전에 멧돼지가 울타리를 뚫고 침입하여 고구마 뿌리를 다 뽑아 놓았었는데 줄기에서 뿌리가 뻗어내려, 겉보기에는 고구마가 무성하게 잘 자라고 있었다. 하지만, 원 뿌리가 뽑힌 터라 고구마 수확은 거의 가망이 없었다.

이런 농장의 현실을 보는 것은 나보다도 아내가 더 힘들어했을 것이다. 그 와중에도 아내는 김장 배추와 무씨를 뿌려 아주 예쁘게 길러 놓았다. 그런데 가을 태풍 '타파'가 김장 배추밭을 또 엉망으로 만들어 놓았다. 배추는 흙으로 덮어 씌워지고 잎은 부러졌는데, 마치 폭탄을 맞은 것 같았다. 아내가 팔을 걷어붙이고 복구 작업을 하기 시작하였다. 나도 어깨 보조대를 착용하고 물 조리개를 이용해서 흙 범벅이 된 채소들을 샤워시키고, 태풍으로 어수선한 농장 주변을 정리 정돈하였다. 아내는 아픈데 하지 말라고 난리였다. 하지만 아내 혼자 하는 것이 마음에 걸려 같이 하고 쉬자고 하였지만 괜찮다고 혼자 쉬라는 것이다. 토요일 하루 종일 일하고 일요일 오후는 정말 어깨가 아파 좀 쉬어야겠다는 생각이 들었다. 그래서 먼저 농장을 나와 스포츠 센터에 가서 샤워하고 좀 쉬니 몸이 편안했다. 기분 좋게 집에 들어와 보니 그때서야 아내는 농장 일을 마치고 집에 들어왔다. 표정을 보니 많이 피곤해 보였다. 아내에게 미안해서 한마디 했다.

"여보, 내가 좀 더 잘 할게."

아내는 왜 그러냐면서 퉁명스럽게 대답했다.

내가 계면쩍어 한마디 더 보탰다.

"나도 어제 오늘 힘들었는데, 당신은 정말 힘들 거야."

아내가 정색하며 쏘아붙였다.

"당신은 어제 오늘 한 일이 뭐가 있는데, 당신은 놀았잖아!"

순간 아내가 나를 쉬라고 했고, 아프다고 위로했고, 배려한 모든 것이 진실이 아니었다는 생각이 들어 배신감마저 느꼈다. 이 비난성 반응에 아내에 대한 모든 신뢰가 한순간에 무너져 내리는 것 같았다. 인간관계에서 무엇보다 중요한 것은 비난 비평을 하지 않는 것이라는 것을 실감하게 되었다.

• 비난과 비평은 좋았던 관계를 해치게 한다 •

인간관계 증진 원칙 9가지가 있는데, 그것을 다 지켜도 비난, 비평을 하게 되면 좋았던 관계의 반이 날아가게 된다. 그렇기에 좋은 인간관계를 유지하기 위한 전제가 되어야 할 것이 비난, 비평을 삼가는 것이다. 아내는 쉬라고 계속 이야기한 것에 대해 고맙게 생각하고 있었는데. 한 번 비난으로 그것이 가식으로 받아들여지게 되었다. 비난, 비평은 그 이전에 어렵게 쌓아놓은 신뢰마저도 깨뜨릴 수 있는 것이다.

미운 사람 죽이는 확실한 방법
_순수한 관심을 가져라

●

관심은 순수해야 한다. 남이 나에게 관심 가져 주기를 원하기보다는
내가 다른 사람에게 관심을 가질 수 있도록 노력하라.

옛날에 시어머니가 너무 고약하게 굴어서 정말이지 도저히 참을
수가 없던 며느리가 있었다.

사사건건 나무라고 무엇을 해도 야단을 쳐서 나중에는 시어머니
음성이나 얼굴을 생각만 해도 속이 답답하고 숨이 막힐 지경에 되
어버렸다.

시어머니가 죽지 않으면 내가 죽겠다는 생각이 들어 용한 무당
을 찾아갔다. 무당은 며느리 이야기를 다 듣고 나서 좋은 비방이
있다고 했다.

눈이 번쩍 뜨인 며느리가 반색하며 물었다.

"그 비방이 뭡니까?"

"시어머니가 가장 좋아하는 음식이 뭐냐?"

"인절미입니다."

"앞으로 100일 동안 하루도 빼지 않고 인절미를 새로 만들어서 아침 점심 저녁으로 인절미를 드리면 백일 후에는 시어머니가 이름 모를 병에 걸려 죽을 것이야."

며느리는 신이 나서 집에 돌아왔다. 찹쌀을 정성껏 씻고 찧어 인절미를 만들어 시어머니에게 가져갔다. 처음에는 시어머니의 반응이 고약했다.

"이년이 곧 죽으려나? 왜 안 하던 짓을 하고 난리야?"

하지만 며느리는 아무 소리도 하지 않고 듣기만 했다. 시어머니는 그렇게 보기 싫다는 며느리가 매일 새로 말랑말랑한 인절미를 만들어서 갖다 바치자 며느리에 대한 마음이 조금씩 조금씩 달라지며 야단도 덜 치게 되었다. 두 달이 넘어서자 시어머니는 하루도 거르지 않는 며느리 마음 씀씀이에 감동이 되어 동네 사람들에게 며느리에 대한 욕을 거두고, 반대로 침이 마르도록 칭찬을 하게 되었다.

석 달이 다 되어 가면서 며느리는 자신을 야단치기는커녕 칭찬하고 웃는 낯으로 대해 주는 시어머니를 죽이려 하는 자신이 무서워졌다. 그렇게 좋은 시어머니가 정말로 죽을까 봐 덜컥 겁이 난 것이다.

며느리는 있는 돈을 모두 싸 들고 무당에게 달려가 내가 잘못 생각했으니 시어머니가 죽지 않을 방법을 알려준다면, 있는 돈을 다 주겠다며 무당 앞에서 닭똥 같은 눈물을 흘렸다. 무당은 빙긋이 웃으며 며느리에게 이렇게 말했다.

"미운 시어머니는 벌써 죽었어."

싫은 상사나 동료를 죽이는 방법도 마찬가지다. 딱 한 번만으로는 안 된다. 적어도 며느리처럼 백 번 정도는 인절미를 바쳐야 미운 놈이 죽는다.

밥이나 커피를 사줘라. 뭔가 그 사람이 필요로 하는 물건이나 일을 당신이 해줄 수 있다면 해줘라. 칭찬할 일이 생기면 칭찬해 줘라. 우리에게 친숙한 속담이 있다.

"미운 놈 떡 하나 더 준다."

• 인생은 관계를 맺는 과정이다 •

집에서 키우는 애완용 개는 살아남기 위해 아무 일도 하지 않는다. 그들은 오로지 주인에게 관심을 갖고 있을 뿐이다. 이것이 본능이기에 개는 스트레스를 받지 않는다. 사람은 평생 남이 자신에게 관심을 가지기를 원하며 산다. 남이 자신에게 관심을 보이지 않으면 그것이 스트레스가 되기도 한다. 하지만 이제 남이 나에게 관심 가져 주기를 원하기보다는 내가 다른 사람에게 관심을 가져보자. 평소 자신에게 중요한 사람에게는 관심을 가졌을 것이다. 그것은 그냥 관심이었다면, 이제는 의도적으로 더 순수한 관심을 가지겠다고 생각해 보자. 그리고 중요하지 않다고 생각하는 사람에게도 관심을 가져보자. 그러면 관계의 폭이 넓어질 것이며, 그 질도 훨씬 개선되어 좋은 관계망을 형성하게 될 것이다. 인생은 어차피 관계를 맺는 과정이다. 좋은 관계를 많이 맺으면 자신의 꿈과 비전을 달성하는 데 많은 도움이 될 뿐만 아니라 훨씬 가치 있고 윤택한 인생을 살 수 있게 된다.

베트남 바이어 고향 방문기
_생각이나 욕구에 공감하라 1

●

누구나 다른 사람으로부터 연민의 정을 받기를 원한다.
그 욕구를 해결해줄 때 상대방은 나의 제안을 기꺼이 받아들일 준비를 한다.

한·베 음식문화 축제에서 한 바이어를 만나게 되었다. 코트라나 대사관을 통하지 않고 만나서 서로가 누군지도 잘 몰랐다. 바이어는 우리가 자신의 고향을 방문해주기를 원했고, 통역을 포함한 우리 일행 4명은 그의 고향으로 가게 되었다.

그 바이어는 처음 방문지로 자신의 할머니 집으로 안내했다. 그곳에는 할머니와 손자가 있었다. 우리에게 뒷마당에 자몽을 따러 가자고 해서 신발이 빠질 것 같은 길을 걸어 그곳으로 갔다. 그 바이어는 자몽을 함께 따며 우리를 여기에 데려온 이유를 설명했다.

"이곳을 보여주는 이유는 우리 가족이 태어난 곳이고, 그곳이 응우웬 왕조가 있었던 고장이기에 같이 사업을 하기 위해, 저의 뿌리를 보여주고 싶어 데리고 왔습니다. 저의 뿌리를 보면 저를 더 신뢰할 수 있다고 생각했습니다."

자몽을 따서 할머니 집으로 왔다. 그사이 이웃 할머니들도 놀러 왔는데, 바이어의 할머니에게 만 원을 주었더니 매우 좋아하면서, 다른 할머니들이 눈치채지 않도록 돈을 받아 감추었다. 한국에 있는 어르신을 보는 느낌이 들었다.

그 마을에는 사당 격인 사원을 짓고 있었는데, 그곳에서 일하는 사람에게 인사를 시켜주었다. 그들은 바이어의 작은아버지, 큰아버지 등 모두 일가였다. 그것을 짓는 경비는 국가에서 반을 대어주고 나머지는 바이어가 돈을 대었다고 했다. 그곳에서 고사도 지냈는데, 한국 돈을 놓으라고 해서 돈도 놓았다.

큰아버지 집에 가서는 전통 증류수 소주를 우리에게 선물해주었다. 50도 정도 되는 술이었는데, 베트남 사람들이 평소 집에서 즐겨 먹는다고 했다. 나오는 길에 점심을 먹으러 갔는데 가게에 들러 빵을 그대로 들고 나왔다. 물었더니 자기 작은엄마가 하는 가게라고 했다. 가다 보니 논 가운데에 묘지가 10군데 정도 있었다. 어떤 머리 흰 사람이 묘지 주변에 불을 태우고 있었다. 잠시 내려 보았는데 묘 주위에는 콘크리트 박스로 되어있었고, 그 중앙 상부에는 흙으로 되어있었다. 그곳에 흙이 있는 이유는 영혼이 하늘과 통하라는 의미라고 했다. 향불을 태우고 묘를 관리하는 사람은 전직 군인으로 정년퇴임한 외삼촌이라고 했다. 그때 그 마을 인민위원장이 찾아왔고, 우리와 동행하여 식당을 들어가게 되었다. 식당에서 염소를 한 마리 잡아서 부위마다 육회를 만들어, 자신들이 만든 술과 함께 주었다. '간빠이'를 외치며 다 마셨다. 인민위원장을 포함한 6명이 함께 술을 마셨는데, 염소와 전통주가 잘 어울렸다.

그 사람들은 전쟁 이야기는 하지 않으려 했다. 그곳에서 저녁을 먹고 나오며, 그의 외삼촌 집에 들러 차와 과일을 먹고는 숙소로 돌아왔다.

베트남 사회는 가족관계로 이루어진 60년대 전후의 우리나라 대가족 사회와 비슷하다는 느낌이 들었다. 출세를 하니 그 사람도 '가문으로부터 대우를 받는구나.' 하는 생각이 들었다. 출세한 사람을 가문의 영광이라고 여기는 예전 우리나라와 비슷했다. 지금 한국은 대가족이 핵가족으로 변했고, 성공하더라도 인정해주는 범위가 작기 때문에 가문을 위해 출세하겠다는 욕구가 많이 줄어들었다. 베트남도 현재는 혈연사회가 주류를 이루지만, 앞으로 점점 우리나라의 사회 구조를 닮아 이익관계나 사회관계로 바뀌게 되리라.

다음 날은 자기들 선조의 뿌리에 대해 말해주었다. 한국으로 치면 단군과 같은 존재인 홍왕의 사적지는 유네스코 문화유산으로 지정되어있다고 한다. 먼저 홍왕의 부인을 모시는 사당에 가서 제사도 지냈다. 홍왕의 사위가 되려면 지나야 하는 다리가 있는데,

그곳을 지나며 역사를 되돌아보기도 했다. 다음으로 홍왕의 유적지를 갔는데, 그곳은 아무나 들어갈 수 없는 곳이지만, 바이어가 공산당 간부였기에 갈 수 있었다. 그곳에 가니 사적지 관리자가 미리 국화꽃을 준비하고 있어 받았다. 1사당, 3사당 등, 가는 곳마다 떡과 국화꽃 바구니가 준비되어 있었다. 우리와의 관계 발전을 위해서 준비했다고 한다. 향불도 피우고 돈도 준비하는 등 지극정성으로 준비한 것이 느껴졌다. 그는 우리에게 "같이 한번 잘 해보자"라고 말했다. '상당히 이 사업에 공을 많이 들이는구나' 하는 생각이 들었다. 그리고 조상에 대한 자신의 이런 생각 내지는 믿음을 주변 사람에게도 은연중에 젖어들게 하려는 것을 엿볼 수 있었다. 그것은 하나의 종교라는 생각도 들었다. 참고로 베트남에서는 종교 전파가 금지되어있다. 나는 천주교였지만 그를 따라했다. 그러니 자신을 존중해준다고 생각하는 것 같았다. 나는 미신에 대해 동조해주면서 거꾸로 마음속에는 하나님에게 그가 하나님을 믿게 해달라는 기도를 했다.

우리가 한·베 음식축제를 한 곳은 리태조 공원이었다. 리태조는 리 왕조의 마지막 왕이었다. 왕조가 망하면서 왕자 하나가 고려로 피신해 왔다. 조정에서 성을 받아 용산 이씨의 시조가 되었다. 그곳에 남아있던 후손들은 화를 면하기 위해 성을 응우웬으로 바꾸었다. 그 후엔 응우웬 왕조가 세워졌다. 그 바이어의 성이 응우웬이라고 하며 자신이 왕족의 후손이라고 말해주었다.

"한국에 우리 선조들이 가서 뿌리를 내렸기에 한국과 관련된 일을 하고 싶다. 리태조의 왕자가 한국으로 가서 살았기 때문에 한국의 술로 리태조의 제단에 술을 붓고 싶다. 그래서 지금 항공편으로 술을 받아 리태조 제단에 술을 따르고 있다."

사당에는 불상도 있고, 리태조와 왕비, 공주 그리고 끝까지 리태조를 호위하던 장군도 모시고 있었다. 저녁이 되었을 때, 리태조로부터 신이 내리는 굿을 하였다. 특이한 것은 걸음걸이와 돈을 한다발씩 뿌리는 것이었다. 이 시대에도 이런 것을 믿는 것을 보면서, 충격을 받았다. 그것은 문화 충격이었다. 새벽까지 자리를 뜨지 않고 그 행사에 동참하여 있으니, 그것을 보고 그 사람은 우리를 믿을 수 있는 사람이라고 생각하는 것 같았다.

"우리 선조가 한국으로 간 사연을 스토리텔링으로 만들어 사업을 하면 사업이 잘될 것 같습니다. 한국의 역사와 베트남의 역사를 연결한 스토리텔링을 만들어봅시다."

• 생각이나 처지를 이해하고 공감하라 •

논쟁이나 적대적인 감정을 없애기 위해서는 상대방의 생각이나 처지를 이해하고 공감하는 것이 최선의 방법이다.

누구든지 나의 생각이나 관심 있는 것에 동조하거나 이해해주기를 원한다. 어린아이들이 아프다고 하고 상처가 났을 때 그것을 보여주면서 호소하는 것은 상대방으로부터 동의를 구하고 공감을 이끌어내기 위한 행동이다. 사람은 다른 사람으로부터 연민의 정을 받기를 원한다. 그런 욕구를 해결해줄 때 상대방은 나의 제안을 기꺼이 받아들일 마음의 준비를 하는 것이다. 바이어의 어린 시절을 같이 공감해주고, 그 사람이 하고 있는 처지나 문화에 동참함으로써, 그 사람은 우리의 5박 5일간의 경비는 물론 비행기 티켓까지 기꺼이 제공하는 등 마음의 문을 열었다.

나의 신앙 이야기
_생각이나 욕구에 공감하라 2

●

크리스천이었던 카네기의 가치도 그 기반이 성경이었다. 성경을 열심히 읽어라.
이는 곧 카네기의 가치를 깊이 있게 이해하는 데 도움을 준다.

내 몸에는 일곱 개의 점이 있다. 목욕할 때나 손님이 올 때 어머
니는 웃통을 벗게 하고 점을 보여주곤 했다. "아들을 낳고 싶어 칠
성당에 가서 소원을 빌어 낳게 되었다."라는 말을 하면서. 그만큼
귀한 아들이었다. 주변에서도 부처님이 점지해주었기 때문에 착
하게 살아야 한다고 했다. 사월 초파일이 되면 아랫동네 절에 가서
불공을 드렸다. 30분 정도 드린 것 같은데. 나는 세 시간 정도가 걸
리는 것 같았다. 계속 절을 하며 끝나기만 바랐다. '쌀밥을 언제 먹
을까?' 그 생각만 했다. 그렇게 해서 절의 문화에 익숙해져 있었다.

어머니를 따라 성황당에도 많이 다녔다. 떡을 해가서 어머님과
함께 고사를 지내기도 하는 등 민속 신앙 속에서 성장했다. 동네

사람들이 "넌 다리 밑에서 주워 왔다."라고 말하곤 했다. 그 당시 나는 부모님을 닮지 않았지만, 어머님이 지극정성을 다했기에 내 어머니라고 생각했다. 사춘기 시절 출생의 비밀이 있는 것이 아닌가 하는 생각을 했으며, 대학 시절엔 칠성당에서 낳았다고 하니 절에서 잘못되어 태어난 것이 아닌가 하고 생각하기도 했다.

대학에 입학하여 불교 학생회에 들어가서 심취했다. 서적도 많이 읽고 법회도 참석하면서 본격적으로 신앙생활을 했다. 종교에 심취하다 보니 학점은 좋지 않았지만 행복했다. 대구 팔공산의 은혜사에서 10일 동안 수련을 하면서 총무원장으로 계신 지산스님에게서 십계를 받았다. 법명은 혜산이었다. 대학 2학년 때까지 불교 생활을 열심히 했다.

군대에 가서도 행정병 보직을 받았는데, 중대 불교 군종을 겸했다. 주말마다 사병을 데리고 부대 밖의 절에 가서 예불을 드리고 왔다. 나름 보람이 있었다. 나를 따라가려는 사람이 엄청 많았기에 접수 순으로 20명 정도만 데리고 갔다. 신도들이 우리를 잘 대해 주었다. 사병이었지만 장교들도 나를 군종이라고 예우해주었다. 불교 서적도 많이 보았지만, 불교에 대해 깊이 알아가는 것이 쉽지 않았다. 화엄경을 읽어도 잘 이해가 되지 않았다.

예불하는 스님과 너무 친하게 되다 보니 스님의 사생활도 보게 되어 한편으로는 실망을 많이 하기도 했다.

외부에 있는 스님을 초청해서 부대 내에서 강연회를 열기도 하며 불교 전파에 힘을 썼다. 그 공로로 포상휴가를 받기도 했다. 제대 후에는 스님들에 관해 이리저리 생각이 많이 들어 절에 잘 가지 않게 되었다.

그렇게 세월이 지나고 결혼을 하였다. 아내는 천주교 신자이고 나는 불교였다. 연애 결혼이었는데, 서로 종교를 존중해준다고 약속을 했다. 어머니가 천주교라서 마뜩하지 않아 하시자, 아내는 신앙생활을 잠시 멈추기도 했다. 어머니는 아내의 종교인 천주교에 대해 못마땅해했다. 왜냐하면, 내가 부처님의 아들이라고 생각했기 때문이다. 객지에서 생활하면서 천주교에 대해 어머니가 반대하는 문제는 자연스럽게 해소되었다.

아내가 성당 미사에 참석하면 나는 아들과 밖에서 놀았다. 어느 날 비가 와서 성당 안에 들어갔는데, 의상이라든지 분위기가 불교 분위기와 비슷했다. 예수하면 서양 종교라고 생각했는데, 불교와 비슷해서 천주교에 다녀보겠다고 하니 아내가 너무 좋아했다. 아내가 기뻐하는 것을 보고 교리 공부를 하기로 마음먹었다.

6개월 동안의 교리 공부를 마쳤는데, 성경 내용에 대해서는 잘 몰랐지만, 성당의 미사 예절이라든가 기도문, 성당 내에서 어떻게 행동해야 하는지 등 성당 문화에 대해 어느 정도 이해를 하게 되었다. 그리고 바로 세례를 받았다. 그 후 매주 성당에 가서 강론도 듣고 교리 공부도 했다. 성당에서는 성경을 중간중간 발췌하여 강론

했는데, 일 년에 성경 한 권을 다 보는 것이다. 성당 신자 간에는 서로 인간관계도 좋다고 느꼈다. 신자들끼리 친목 도모도 많이 했는데, 교우들 모두는 착한 것 같았고 나에게도 잘 대해 주었다. 그 문화에 빨려들면서 성경 공부를 하는 것과 불경을 공부하는 것이 유사하며, 단지 책만 다를 뿐이라는 생각도 들었다.

그러다 성당의 평신도 부회장을 하게 되었다. 그러면서 신부님과 교류를 많이 하게 되었고 신부님의 강론 내용 중 의문이 드는 것에 대해 질문을 하기도 했다. 예를 들면 어떻게 순교를 할 수 있느냐, 나 같으면 순교를 못 할 것 같은데. 예수님이 부활을 했는데, 예수님과 3년 동안 지낸 제자가 왜 알아보지 못했는가? 이런 질문을 하면 대답을 해주는 대신 묵상을 하라고만 했다.

성경에는 무언가 답이 있을 것 같은데, 이해가 되지 않았기에 성경을 제대로 공부해 보자고 생각하여 성서아카데미 등을 찾아다니며 공부를 했다. 경기도에 있는 오순절 마을까지 차를 몰고 가기도 했다. 차가 고장이 나서 1시간이 늦었는데, 신부님이 밖에서 기다리고 있었다. 처음 보는 사람이었지만 먼 곳에서 찾아온 것에 신부님이 마음이 끌렸다고 했다. 그곳에서 신부님을 모시고 성경 공부를 했는데, 그때도 질문하면 묵상을 하라는 대답만 했다. 그곳에 가도 성경을 제대로 알 수가 없었다.

일요일 성당에 갔다 오면 아내에게 신부님이 강론한 내용에 대해 묻기도 했다. 그러면 아내는 신부님의 말씀을 그냥 믿고 따르라고만 했다. 그렇지만 나는 궁금증이 해소되지 않았고, 아내와 함께 성서를 더 공부할 수 있는 곳을 찾아 부산 등지로 다녔다. 부산의 수녀원이나 경기도에 있는 성서연구소에 가서 궁금한 내용을 질문하면, 돌아온 답변은 한결같았다.

"그런 것을 가르쳐 줄 수 있는 커리큘럼은 없다. 여기는 미사의 의례, 전례, 역사에 대해 공부하는 곳이다. 신자들이 읽고 이야기하는 것만 한다."

성당을 20년 정도 다니면서 성체조배실에서 묵상을 많이 했다. 일주일에 한 번씩 아내와 저녁 시간에 가서 묵상했는데, 불교로 치면 참선을 하는 것과 같다. 하느님을 느끼려고 엄청나게 노력을 했는데도 잘 느껴지지 않았다. 크리스마스나 부활절을 준비하면서 나름대로 기도도 했지만, 부활절이 지나도 큰 변화가 없었다. 이게 뭐지? 어떻게 신앙생활을 해야 잘하는 것이지? 라는 생각이 들었고, 신앙에 대한 궁금증은 계속 이어졌다.

그러던 차에 회사에 성서 읽기 동아리를 만들었다. 매주 2회 점심시간에 성경을 읽는 모임이었다. 성경을 읽고 이야기를 나누고 가족도 초대하여 이벤트도 열고 신부님도 초대했다. 또한, 개신교 신자들은 성경 공부를 많이 한다는 이야기를 듣고 한 전도사를 소개받아서 성경 공부하는 방법에 대해 개략적인 방법을 배워 혼자 성경을 읽기도 했다.

정년퇴직 1년을 남겨놓고 보직이 없이 생활할 때 성경에 탐닉하게 되었다. 방을 별도로 썼기 때문에 온종일 성경만 보았다. 그때 공장 주위 청소를 하는 장애인이 있었는데, 그 사람에게 신약과 구약을 읽어주기도 했다. 그러면서 구약에 대해 좀 더 깊이 이해하게 되었다. 그리고 장애인이 나에게 질문을 많이 했는데, 대답을 위해 더욱 열심히 공부했다. 성경에 대한 이해도가 엄청나게 높아지는 것을 느꼈고, 성경 덕분에 1년이라는 어려운 시기를 잘 보낼 수 있었다. 그때 기독교의 신앙은 예배나 미사나 예식보다도 성경을 이해하면서 마음의 안정을 얻으며, 하느님에 대한 믿음이 깊어진다는 것을 느꼈다.

성당에서는 일 년에 한 번 평신도의 날이 있다. 그날은 신부님 대신에 신도가 나와서 강론을 한다. 내가 평신도 부회장일 때 아침 강론을 교인들을 대상으로 해보았다. 강론의 내용은 신부님도 신앙생활을 해야 하는데, 사회인과 접하면서 신앙생활을 하기가 힘들겠다는 내용이었다.

"신자들은 신부님이 입은 하얀 제의에 때를 묻히지 말아야 합니다. 여기서 '때'라는 것은 오염을 상징합니다. 신부님과 친하게 지낸다는 이유로 속세의 것으로 신부님을 힘들게 해서는 안 됩니다. 신도는 신부님을 위해 늘 기도하고, 신앙생활을 잘 할 수 있도록 도와드려야 합니다."

신도 중에는 술을 마시는 것과 골프를 치는 이야기를 하며, 신부님에게 같이 하자고 하기도 하는 것에 대해 그렇게 해서는 안 된다는 의미로 말을 했다.

"2000년 전에 예수님이 오셨을 때, 하느님을 믿는 사람이 예수님을 받아주지 않고 오히려 십자가에 매달리게 했는데, 만약 지금 예수님이 재림한다면 사람들은 잘 받아들일까요? 또 십자가에 매다는 것은 아닐까요? 그런 과오를 재발하지 않도록 하기 위해서는 성경 공부를 잘해야 합니다. 성당 생활을 할 때 제일 중요한 것은 성경을 깨닫는 것입니다."

이렇게 평소 생각했던 것을 강론 내용으로 했다. 마치고 나오니 수녀님이 나를 불렀다.

"형제님의 강론에서, 제가 하고 싶은 말을 다 해주셔서 너무 좋았습니다."

• 성경을 가까이하라 •

지금도 성경을 열심히 보고 있다. 성경을 읽은 것이 자연과 사회를 이해하는 데 많은 도움이 되었다. 카네기는 독실한 크리스천이었다. 그랬기에 카네기의 가치도 그 기반이 성경이었다. 성경을 열심히 읽은 것이 카네기의 가치를 깊이 있게 이해하는 데 도움이 되었다. 만약 성경을 읽지 않았다면 카네기의 가치를 이해하고 내 것으로 만드는 것이 어려웠을 것이다.

성경에 의문이 생겨 신부님과 수녀님에게 질문을 숱하게 했지만, 단지 묵상하라는 말만 들었지, 그 질문에 대해 흡족한 답변을 듣지는 못했다. 그래서 그 궁금증을 해소하기 위해 전국을 돌아다녔고, 성경도 많이 읽게 된 것이다.

"상대방의 생각이나 욕구에 공감하라. 그러면 좋은 협력자를 얻게 될 것이다."

하지만 난 그런 공감을 얻을 수 없었기에 지금은 성당에 잘 다니지 않고 있다.

인간관계의 기본은 가족관계
_가까울수록 중히 여겨라

●

혈연이라는 이유만으로 상대방을 가볍게 여기거나 일방적으로 요구하지 말라.
당연하다고 생각하는 많은 일이 실제로는 절대 당연하지 않은 일이 된다.

주인 없는 무덤

아버지는 기분이 좋거나 술을 드셨을 때는 항상 노래를 불렀다.
"세월아 가려거든 너 혼자나 가지, 가기 싫은 경석희를 왜 데려
가려 하느냐."

이런 가사의 노래를 구성지게 하면서 뒷산으로 올라가곤 했다.
어렸을 때는 왜 올라가는지 궁금했다. 흰 두루마기에 모자를 쓰고
갔다. 어머니는 못 올라가게 말렸다. 울고 오겠다며.

성인이 되어서야 그 이유를 알게 되었다. 성묘 갔을 때, 산 길가
에 묘가 하나 있었는데, 그 주인이 큰아버지라고 했다. 하지만 그

속에는 아무도 없다고 했다. 그곳은 나무꾼이 산에서 뗄 나무를 잔뜩 지고 오다 쉬는 장소였다. 나무꾼과 이야기도 하며, 외롭지 말라고 그 자리에 묘를 썼다고 했다.

큰아버지는 일제 강점기 때 남양군도에 징용되어 가서 3년 동안 고생하고 돌아오다가, 일본 근처 바다에서 미군 폭격으로 배가 침몰하는 바람에 수백 명이 죽을 때 함께 희생되었다고 한다. 유골이 없으니 면사무소에서 유골함에다 흙을 넣어주었는데, 그것으로 장례를 치렀다고 했다. 지금 그 묘는 우리 형제에게 잔잔한 감동과 애잔함을 주는 장소이다. 벌초하러 갔을 때마다 큰아버지 산소 앞에 서면 자연히 머리를 숙이게 되고 감정이 복받쳐 올라 한동안 침묵이 흐르기도 했다.

큰아버지가 징용을 가게 된 데에는 사연이 있다. 원래 차남인 아버지에게 징집 통지서가 왔다. 두 분 다 결혼을 했는데, 아버지는 몸이 아팠기 때문에 큰아버지가 아버지를 대신해서 가겠다고 자원해서 가게 되었다.

그 후 아버지는 동네 어귀에서 큰아버지가 돌아오기만을 기다렸다고 한다. 큰아버지가 돌아오면 함께 농사를 지으려고 했다. 3년이 지나 큰아버지가 돌아온다는 소식을 듣고 기다리고 있었으나 돌아온 것은 큰아버지의 유골함이었다.

남양군도에서 징용 대가로 돈을 아버지 앞으로 보내왔다. 그 돈으로 땅과 논을 샀고 나머지는 저축하고, 저축 확인서를 장롱 속에

두었다. 그것이 우리 텃논이 되었다. 저축 확인서를 증서로 오랫동안 가지고 있었는데, 언제인가 정부가 알면 큰 해를 입을 거라고 생각해 그것을 모두 없애버렸다. 그래서 큰아버지가 번 돈은 모두 없어져 버리고 말았다. 큰어머니는 남편의 사망 소식을 듣고 절망하여 집을 나갔고, 슬하에 자식은 두지 않았다.

큰어머니가 나간 지 2년 후에 음성에 살고 있다는 소식을 듣고 아버지가 찾아갔다. 우물가에서 물을 긷다 아버지를 본 큰어머니는 빨리 돌아가라고 말하고는 부랴부랴 집으로 들어갔다고 한다. 아마도 재가를 했으리라 짐작이 들었다. 그때 보았던 '형수'의 눈빛을 아버지는 돌아가실 때까지 못 잊으셨다. 술만 드시면 형님을 생각하면서 그 노래를 불렀고, 자식들은 자연스레 그 노래를 많이 들으면서 자랐다. 큰아버지가 돈을 보태준 것으로 산 텃논을 경작하면서 큰아버지의 이야기를 많이 해주었다. 큰아버지와는 콩 하나도 반씩 나누어 먹을 정도로 우애가 좋았다. 아버지는 우리에게 자주 말해주었다.

"너희 형제가 우애가 좋게 지내는 것 외에는 바라는 것이 없다."

자신을 대신해서 죽었다고 여긴 형을 생각하면서 아버지는 삶의 의지를 많이 잃었다. 몸도 약해지고, 맘도 여려졌다고 한다. 형을 저승에서라도 한번 만나 봤으면 좋겠다고 자주 말했다. 아버지의 그런 말씀을 상기하면서 나도 동생과의 우애를 더욱더 깊이 나누겠다는 결심을 하곤 한다.

동생 이야기

동생은 나 때문에 학업을 중단하고 15살부터 아버지를 도와 일을 했다.

내가 군대에 가기 전에 휴학하고 농사를 동생과 함께 짓고 있었는데, 아버지는 편찮으셨다.

봄에 잎담배를 심었는데, 5월이 되자 비로 인해 농사를 망치는 것을 보고 밭고랑에서 비를 맞으면서 동생과 끌어안고 한참을 울었다.

잘해보려 했는데 하늘이 도와주지 않았다. 내가 휴학을 한 이유는 학자금 때문이기도 했고, 한편으로는 영장이 나와 9월에 입대를 하게 되었기 때문이었다. 동생은 형이 군대에 간다고 파티를 열어주었다. 멍석을 깔고 자기 친구와 내 친구들을 불러 모았다. 동생이 나를 보내며 형이 가면 나는 더 외로울 거라고 말했다. 그 말을 듣고 화장실에 가서 또 둘이 끌어안고 울었다. 그때 어머님이 들어와서 너희들이 울면 나는 어떻게 하느냐고 말려서 울음을 그칠 수 있었다.

한창 노래를 부르고 노는 중에 동네 친구들끼리 싸움이 붙었다. 그러자 동생이 나서 "우리 형님 송별 파티에서 싸우면 되느냐"면서 그들을 일시에 제압해버렸다. 그 모습을 보며 '내가 군대에 가도 동생이 잘살 수 있겠구나' 하는 생각을 할 수 있었다. 동생은 같이 있었던 몇 달간 자기에게 내가 많이 의지가 되었다고 하였다.

내가 결혼하려 할 때는, 형수 될 사람은 자신이 꼭 먼저 봐야 한다고 하며, 아내가 근무하는 병원까지 찾아가 만나기도 했던 동생이다. 동생은 목장을 해서 두 번 실패했다. 그리고 옷 가게도 했었다. 동생은 결혼한 후 어려울 때 나에게 도움을 청하기도 했지만, 그때 나는 직장 생활을 시작한 지 얼마 되지 않았기 때문에 동생의 기대에 미칠 수 있는 만큼의 도움을 주지 못했다. 그 후로도 동생이 형의 도움을 필요로 할 때면 맘껏 도와주지 못해 안타까웠다. 그로 인해 나름의 섭섭함 또한 있었겠지만, 동생은 전혀 내색하지 않았다. 동생은 사업을 하면서 독립하였고, 경제적으로도 나름대로 안정되어 자기 삶을 충실히 꾸려가고 있다.

아버님이 돌아가시고 동생 앞으로 상속이 이루어졌다. 그것을 어머니 돌아가시기 전에 일부를 정리해서 형제들끼리 나누자고 했다. 저녁때 동생 부부, 우리 부부, 여동생과 만나 타협하는 과정에서 동생이 완강히 반대하면서 옥신각신하게 되었다. 동생이 흥분하며 얼굴이 하얘지면서 부들부들 떨었다. 안 되겠다 싶어 동생을 끌어안았다. 차가운 손과 얼굴을 느끼면서 아버지 생각이 났다. 형제간에 이렇게 다투는 것은 아버지의 바람이 아니라는 생각이 들어 동생에게 미안하다고 했다. 동생이 뿌리쳐도 끌어안았지만 화해는 못 하고 헤어졌다. 그 후로는 관계가 서먹서먹해졌다. 우리는 우리대로 동생이 예의 없이 막말한 것이 용서가 안 되었고, 동생은 동생대로 우리에게 몹시 서운한 것 같았다. 그 후 2년 정도 지나고 나서 어머니가 편찮으셨다.

청주 병원에 갔는데, 그 앞에서 동생을 만났다. 순간 동생이라는 생각을 못 했고 나와 닮은 사람이라 생각했다. 그런데 동생이었다. 동생을 보니 서운함보다 반가운 정이 치밀어 올랐다. 2년 내내 산책을 할 때면, 용서 못 한다고 생각했는데 그날 동생을 보는 순간 이러한 감정을 내려놓아야 한다고 결심했다. 집에 가서 아내에게 말했다.

"없었던 것으로 하고 감정을 없애자. 스스로를 위해서 용서하자."

그 후에 아버지 제사에 동생이 와서 바로 들어오지 못하고 집 밖에서 서성거렸는데, 우리는 그것을 보고 나가서 반갑게 맞아주었다. 돌이켜 보면, 얼마 되지 않는 재산으로 인해 형제가 갈등이 생긴 것이 아니라, 돈보다는 부모님의 사랑을 차지하려고 그랬던 것이 아닐까? 유산은 부모님의 사랑을 의미한다고 생각해 서로 가지려고 했던 것 같다.

유산 때문에 사회에서 형제끼리 법정 소송하고 갈등하는 것을 자주 보는데, 그것이 어느 정도 이해가 되었다. 많으면 많을수록 더욱 문제가 되겠다는 생각이 들었다. 형제 사이에 그것이 뭐라고.

새 둥지에 있는 알에서 새끼 새 5마리가 깨어났다. 먹이를 서로 달라고 입을 벌리고 있는데, 현명한 부모면 어느 새끼가 먹었고 어느 것이 안 먹었는지 알아서 골고루 먹이를 준다. 그렇지 않으면 약한 것은 굶어 죽는다. 힘센 새끼가 약한 새를 우리 밖으로 밀어내기도 한다는 걸 들었다. 형제는 어릴 때 서로 먹이를 먹기 위한 경쟁자이기도 하다는 생각을 했다. 생명까지 빼앗는 생존 경쟁, 형제간에는 그런 DNA가 있다는 것을 생각하면서, 유교문화의 우애 바탕에는 생존 경쟁이 있다는 것을 느꼈다. '형제간의 관계를 어떻게 설정할 것인가?'를 생각하면서, 본능적인 것과 교육받은 것을 조화하여 잘 형성해야겠다고 느꼈다.

그 일이 있고 20여 년 정도 지난 후에 동생이 해외여행을 같이 가자고 제안해 여행을 같이 가게 되었다. 한·베트남 음식 박람회가 그것이었다.

남자 두 명이 함께 여행을 가고 같은 방에 있다고 생각하니 설레기도 하고, 무슨 말을 할까 하는 생각이 들었다. 비행기 속에서는 일반적인 이야기를 했다. 호텔에 들어가서는 방을 따로 배정받았다. 하지만 동생은 굳이 둘이 하나의 방을 쓰겠다고 우겨 함께 간 일행을 놀라게 했다. 사람들이 배려해준 것인데 의외라고 했다. 10일 동안 같은 방을 쓰면서 많은 이야기를 했고 밝은 미소로 아침을 함께 맞이했다. 같은 방을 쓴다는 것이 많은 의미를 주었다. 그러면서 형제 사이는 다른 어떤 관계보다 더 좋은 인간관계로 맺어져야 한다고 생각했다.

아들 이야기

큰아들 다섯 살 때 둘째 아들이 태어났다. 아내가 낮에 일을 해야 하기 때문에 안방에서 큰애가 둘째를 키웠다. 세 살 때까지는 큰애가 둘째를 잘 키웠는데, 네 살이 되면서 작은애가 말을 듣지 않아 큰애는 동생을 돌보지 않게 되었다. 아내가 큰애를 타일러서 작은애를 보살피라고 했지만, 서로 사이가 좋지 않았다. 세월이 흘러 큰애가 5학년, 작은애가 1학년일 때 차로 학교까지 태워준 적이 있었는데, 차 안에서도 둘은 서로 말이 없었다. 둘이 성격 차이로 인해 둘째가 짜증을 내면 큰애가 욱하기도 했다.

중, 고등학교 다닐 때는 서로 바빠서 아이들이 도서관에서 공부했기에 도시락을 사주었다. 큰애는 공부를 잘했는데, 둘째는 공부를 하기 싫어했다. 큰애에게는 칭찬을 하고, 둘째는 그렇게 하지 않았다. 그러자 둘째는 도서관에 가지 않으려 했다. 둘이 친하게 지내지 않았기에 둘째에게 형을 본받으라고 했다. 하지만 점점 둘째는 형을 멀리했다. 형과 같이 될 수 없다고 생각하는 것 같았다. 큰애가 대학을 가고 둘째가 고1 때부터 둘째에게 집중했다. 고3 때부터 좋아지고 자신감을 가지는 것 같았다. 둘째도 공부를 잘해서 원하는 대학에 갔다.

지금은 둘 다 결혼하여 모두 독립하였다. 경제적으로는 큰애가 둘째보다는 좀 더 여유가 있을지라도, 부모 입장에서는 나누어줄 때 형제에게 똑같이 나누어 주는 것을 원칙으로 하고 있다.

재산 일부를 똑같이 반씩 나누어 주었고, 명절 때 오면 형제가 보는 앞에서 용돈도 똑같이 주는 등 항상 똑같이 대하고 있다. 그러면서 한마디를 덧붙인다.

"부모의 재산은 너희에게 죽을 때까지 물려주지 않을 것이다."

평상시에 아들들이 오면 항상 여비를 똑같이 나누어 주고, 쓰는 것도 각자 쓰지 못하도록 우리가 썼다.

"재산은 너희 것이라고 생각하지 마라. 너희에게 주지 않을 거다."

유산 때문에 형제간에 갈등이 있는 것을 보았기에, 살아 있을 때 팔아서 조금씩 나누어주는 것이 갈등을 없게 하는 방법이 아닐까 생각하고 있다. 그리고 서로 나누어주는 것을 공개적으로 이야기해 오해가 없도록 하여, 형제간에 돈으로 인해 서운함이나 불협화음이 생기지 않게 하려고 노력하고 있다. 현재 둘은 잘 지내고 있다.

• 혈연이라는 이유만으로 가볍게 여기지 말라 •

인간관계의 가장 기본이 되는 관계는 가족관계이다. 사회적인 관계도 중요하지만, 가족 간의 관계는 무엇보다 중요하다. 기초가 튼튼하지 않으면 부실 건물이 될 수밖에 없는 것처럼, 가족 간의 관계를 좋게 하지 않고는 사회에 나가서도 좋은 관계를 만들 수 없다.

가족은 개인이 모여 이루어지는 가장 작은 집단이다. 혈연이라는 이유만으로 상대방을 가볍게 여기거나 일방적으로 요구하게 되면, 당연하다고 생각하는 많은 일이 실제로는 절대 당연하지 않은 일이 되는 것이다. 형제나 가족도 타인으로 인식하고 다른 사람을 대하듯이 인간관계 원칙을 철저히 적용하자. 그러면 좋은 관계가 오랫동안 지속이 될 수 있을 것이다.

상대방의 존재감을
부각시켜라

●

'나는 당신이 중요한 사람이라고 생각하고 있다'는 것을 상대방이 느끼도록 하라.
나에 대한 마음이 열리게 된다.

이란과의 관계 발전을 위해서, 이란에 있는 노후화된 정유시설 개선과 운전 기술 향상에 대해 최고 경영층이 이란 석유장관을 만나 협의하는 일이 예정되어 있었다.

그에 대비하기 위해 상대방을 설득할 수 있는 것을 실무자 선에서 준비하라는 지시가 떨어졌다. 기술과 시설은 우리 회사보다 선진국의 시스템이 더 잘 되어 있었다. 그래서 설득하는 것의 초점을 기술이나 시설보다는 두 회사 간의 관계를 돈독하게 하는 것에 초점을 맞추어야겠다고 생각했다.

이란이라고 하니 신라시대 당시 아라비아 상인이었던 처용이 떠올랐다. SK 공장 바로 옆에 처용암이 있었고, 그것을 컨셉으로 활용하면 어떨까하는 생각이 든 것이다. 간단한 동영상을 만들어 내부에 브리핑을 해보니 반응이 좋았다. 그래서 컨셉을 처용으로 하기로 확정하고 좀 더 구체적이고 세부적인 내용을 담아 동영상을 만들기로 했다. 다음은 그때 만든 동영상 내용이다.

우리 회사 옆에는 처용암이라는 것이 있다. 처용은 신라에 온 옛 아라비아, 지금으로 치면 이란에서 온 상인으로 추정된다. 처용이 왔다는 사실이 당시 신라왕에게 보고가 되었고, 왕은 그를 궁으로 데려오라는 지시를 했다. 왕은 처용을 보니 지식도 해박하고 나름 아라비아 문화에 대해 많은 것을 이야기해주어 호감이 생겼다. 신라왕은 처용에게 귀족 대우를 해주고 결혼도 시켜주었으며, 벼슬도 주었다.

처용은 신라 조정에서 자신이 맡은 역할을 충실히 했다. 그러던 어느 날 서라벌에서 자기 집으로 돌아오니, 침실 문 앞에 신발이 두 쌍이 있었다. 직감적으로 아내가 불륜을 저지르고 있다는 사실을 감지했다.

보통 사람 같으면 화를 내며 해코지를 했을 것인데, 처용은 이런 노래를 지어 불렀다.

"하나는 내 것인데, 다른 하나는 누구 것이냐
원래 내 것이었지만, 빼앗아가니 어떻게 하겠는가."

아내와 간통한 남자는 자신에게 해를 입힐 것이라 생각해 불안해했는데, 오히려 노래를 부르는 그의 관용에 감동을 받아 절을 하고는 도망쳤다고 한다. 이 이야기는 한국 사람이라면 누구나 교과서를 통해 배워 알고 있는 내용이다. 울산에는 이런 처용을 기리는 행사도 하고 있다. 아라비아 사람인 처용이 아주 관대한 것과 같이 이란 국민도 관용이 많은 사람이라는 좋은 이미지로 우리 국민은 인식하고 있다.

어려웠던 70년대에 국가 도약을 위해 이란에 많은 노동자가 가서 건설에 참여했다. 그 대가로 받은 돈이 재정적인 뒷받침이 되어 경제 발전에 많은 도움이 되었고, 근로자도 생활에 많은 보탬이 되었다. 그래서 이란의 도움 덕분에 우리나라가 잘살게 되었다는 생각을 갖고 있다.

지금 우리나라는 기술이 많이 발전해 세계적으로 탑 수준에 올라있다. 이제 그동안 당신들에게 받은 도움을 돌려주기를 원하며, 그것을 통해 관계를 더욱 돈독하게 하고 싶다. 이번 프로젝트를 통해 우리가 가진 기술과 시설 개선을 지원해주면, 당신들은 아마 선진국 수준의 공장을 가질 수 있게 될 것이다. 이것을 계기로 상호 사업적으로 더욱 발전해나갔으면 좋겠다.

예전 우리나라가 힘든 상황이었을 때 서독에 광부나 간호사를 많이 파견했다. 그들은 서독에 가서 많은 고생을 하며 돈을 벌었다. 그 당시 우리나라 대통령이 서독에 가서 탄광을 방문하여, 우리 세대는 어렵겠지만 다음 세대는 돈이 없어 외국에 나와 고생하는 일은 없도록 하겠다는 연설을 했다. 그 말을 하는 대통령도, 그 말을 듣는 근로자들도 함께 울었다고 한다. 독일의 협조로 그런 어려움을 다 극복하고 지금 우리나라는 다른 나라를 지원해줄 수 있는 수준까지 와있다.

동영상에 독일과 관련된 내용을 삽입한 이유는, 독일에 간호사와 광부를 파견한 것이 매개체가 되어 상호 관계가 좋아진 것처럼, 우리 노동자가 당신 나라에 가서 일한 것이 매개체가 되어 관계가 더 좋아질 것이라는 걸 말하고 싶어서였다. 원래 석유장관과 면담 시간이 30분 정도 잡혀있었지만, 실제 1시간 30분가량 면담이 진행되었다. 면담 과정에서 10분 정도 이 동영상을 틀어놓았더니 눈물을 흘리는 사람도 있을 정도로 반응이 좋았다. 동영상을 통해 서로가 마음을 함께 나누는 기회가 되었고, 관계도 아주 좋아졌다. 이 일을 겪으며 국가나 개인의 사업에 있어 중요한 것은 서로 간의 좋은 관계를 형성하는 것이라는 것을 배웠다.

• 귀족 대우를 받으면 천민 행동을 하지 않게 된다 •

사람은 대부분 자신이 중요한 사람이라고 생각하고 있으며, 다른 사람도 자신을 중요한 사람이라고 생각해주기를 원한다. 그렇지만 사람은 상대방이 중요하다는 말을 하는 것에 인색하다. '나는 당신이 중요한 사람이라고 생각하고 있다'는 것을 상대방으로 하여금 느끼게 해 줌으로써 나에 대한 마음이 열리게 되는 것이다. 마음이 열린다는 것은 어떤 일에 대해 협조하는 마음을 갖게 하는 것을 의미한다. 또한, 자신은 중요한 사람인 것처럼 스스로 행동하려는 욕구가 생기고 그것을 보여주려 한다. 또한, 베풀려는 마음을 가지게 되고, 자신의 이익보다는 상호 간의 목표를 중요시하게 된다. 그러면 일은 쉽게 풀린다.

상대방이 중요하다는 것을 인식시킨다는 것은 상대방을 귀족 대우를 해주는 것과 같다. 귀족 대우를 받게 되면 천민 행동은 하지 않게 된다.

자신감과 커뮤니케이션

정당하지 못한 비판은
숨겨진 칭찬이다

●

불합리한 비판에 신경 쓰느라 에너지를 낭비하지 말라.
비판을 나에게 숨겨진 칭찬으로 받아들이면 비판을 받더라도 당당해질 수 있다.

"여보, 오늘도 일찍 퇴근하셨네요."

조용히 문을 열고 들어왔는데도 인기척을 알아챈 집사람이 하는 말이었다.

당시 회사에서는 노사갈등으로 인해서 하루가 멀다하고 퇴근 후에 술자리가 만들어졌다. 음주가무를 즐기는 상사의 개인 성향과 풍부하게 지원되는 회사의 회식비 덕분에 우리들 팀장 7명과 상사는 시간 가는 줄, 밤 가는 줄 모르면서 즐겼다. 그런 사이에 나도 음주문화에 빠져들었고 그 꿀맛에 취하게 되었다.

술자리는 일상에 영향을 주었으며 나를 점점 힘들게 했다. 그때 큰아이가 고3이었는데, 퇴근 후에 12시에 큰아들 데리러 학교 도서관으로 가야 했다. 회식 중에 12시가 되면 불안했다. 이어지는 그 자리를 끊고 나와야 하기 때문이다. 여러 가지 핑계를 대고 또 대었다. 어떤 날은 회식 자리에 빠질 수가 없어서, 대리운전 기사에게 이야기해서 차를 가지고 가서 아이를 집에다 데려다 달라고 부탁하기도 했다. 그리고 나는 회식 자리가 끝난 이른 새벽에 택시를 타고 집으로 돌아갔다. 이런 일은 계속 반복되었다. 그러다 보니 대리운전 기사가 우리 아이를 집에 데려다주는 전속 기사가 되어버렸다. 하루는 회식 시간이 길어져서 12시가 넘어서야 학교에 도착했다. 그때까지 아들은 추운데 바깥에서 떨고 있었다. 어두운 곳에서 추위에 떨고 있는 큰아들의 모습과 눈을 마주하면서 사과했다.

"현수야, 미안하다. 다음부턴 내가 꼭 일찍 올게."

다음 날부터는 11시 반부터 서둘렀다.

불가피한 핑계를 대거나 아니면 말없이 술자리를 빠져나오기를 수없이 했다. 그러고 나면 다음 날 아침 업무 회의 때 나는 상사로부터 질책을 받아야 했다.

"조직의 쓴맛을 봐야 한다."

"회사를 장난으로 다니는 거냐."

수많은 비난을 받으면서도 그냥 웃어넘겼다.

나 때문에 회의 분위기가 삭막해진다고 동료들로부터 불만이 나왔고, 앞으로는 그렇게 안 했으면 좋겠다는 이야기를 들을 때면,

알겠다며 사과했다.

그러고도 나는 술자리에서 어김없이 11시 반에는 도망을 갔다. 그런 연고로 미꾸라지라는 명예롭지 못한 별명까지 얻었다. 회식 분위기를 흐린다는 미꾸라지도 되고, 또한 잘 빠져나간다는 뜻도 되었다. 나중에 개인적으로 전해 들은 이야기지만, 그때 내가 그 자리를 그 핍박을 받아 가면서 빠져나가는 것이 동료들한테는 큰 부러움이었단다. 어떻게 그런 질타를 받으면서도 아무렇지도 않다는 듯이 빠져나갈 수 있는지 그 용기가 대단하다며, 그렇게 못하는 자신들 모습이 안타까웠단다.

다음 해 1월, 그날도 역시 술에 취해 잠을 자고 있는데, 거실에서 집사람과 큰아이가 이야기를 나누고 있는 것을 어렴풋이 들었다. 큰아들은 대학 수시입학에서 4번 불합격의 고배를 마시고, 이번에는 정시에 도전했는데 역시 안 되었다. 그날은 추가 합격자가 발표가 있는 날, 나름대로 큰아이가 인터넷을 통해서 추가 합격이 될 것인가를 계산해 보고 있는 상태였다. 그런데 어느 순간 "될 것 같아!"라는 소리와 함께 집사람과 아이가 너무 좋아하는 목소리에 나는 잠이 확 깼다.

다음 날 출근해서 한껏 아들 자랑을 했다.

"우리 아이가 의과대학에 합격했어요. 저녁에 제가 한턱 쏘겠습니다."

모두들 축하하는 분위기였고, 상사도 진심으로 축하한다며 격려의 말을 해주었다. 그동안의 받았던 스트레스가 일시에 해소되는 느낌이 들었다.

가족이라는 힘의 위대함은 어떤 어려움도 잘 극복할 수 있는 질긴 끈이라고 생각했다.

직장 생활을 하다 보면 가정사와 부닥치는 일이 종종 발생한다. 그럴 때마다 많은 사람은 직장 일을 우선한다. 급한 불이라면 할 수 없이 꺼야 하겠지만, 급하지 않은 일도 많다. 무엇 때문에 일을 하는가? 하는 근본적인 질문을 던져보면, 직장생활하면서 돈을 버는 행위는 가족의 행복을 위해서다. 그런데 행복은 뒷전이고 단지 욕먹지 않기 위해 가족에 소홀히 한다는 것은, 주객이 전도된 것이라 할 수 있다.

• 불합리한 비판에 에너지를 낭비하지 말라 •

이 사례는 데일 카네기의 걱정 스트레스 관리법을 실제 생활에 적용한 것이다. 스트레스 관리법이 큰 힘이 되어서 주변으로부터 받는 비난과 비판을 잘 극복할 수 있었다. 나는 카네기의 말을 실행해 시간이 되면 그 자리를 뜰 수 있었지만, 다른 사람은 그렇게 하지 못했다. 카네기의 "정당하지 못한 비판은 나에 대한 숨겨진 칭찬이다."라는 말을 그들도 알고 마음 깊이 새겼다면, 아마 나처럼 그 자리를 피하지 않았을까? 남들에게 욕을 들어먹어도 까딱 않는 길을 선택하지 않았을까?

비단 직장 생활만이 아니다. 살다 보면 자신의 본의와는 관계없이 불합리한 비판을 당하는 경우가 많다. 그것에 신경 쓰느라 에너지를 낭비하지 말자. 카네기의 말처럼 그 비판을 나에게 숨겨진 칭찬으로 받아들이자. 그러면 비판을 받더라도 더욱더 당당해질 수 있게 되는 것이다.

• 정당하지 못한 비난을 잘 받아들이는 마음 자세 •

1 부당한 비평은 대게가 위장된 찬사이다. 당신이 남들로부터 질투나 선망을 받는 만큼 잘하고 있다는 뜻이다. 다른 사람의 비평은 죽은 개를 걷어차는 것과 다름없이 무의미한 것이다.

2 최선을 다하자. 비난이라는 비가 목덜미로 흘러내리지 않게 최선이라는 우산으로 막자.

3 자신이 저지른 어리석은 짓을 반복하지 않게 보완에 보완을 더하자. 그리고 편견 없고 나에게 이익이 되는 건설적인 비평을 남에게 요구하자.

자신감은
어디에서 오는가

●

계획을 세우고 실천하여 성취하면서 그 행동이 맞다는 확신을 가져라.
자신감은 또다른 새로운 도전을 하게 만든다.

어렸을 때 누나가 3명이고 첫아들이었기 때문에, 초등학교 입학 전까지 엄마 치마폭을 떠나지 못했다.

밖에 나가서 친구와 어울려 놀지도 못했다. 누나와 함께 할 수도 없었다. 나를 볼 수 있었던 분은 엄마와 옆집 아줌마였다. 언젠가 아이들을 불러 콩도 볶아주고 고구마도 쪄주었지만, 아이들은 나와 노는 것이 재미없어 고구마만 먹고 가버렸다. 누나와 놀지 못했던 이유는 여자와 놀면 여성화될 것이 염려되었기에 놀지 못하게 한 것이다. 그러다가 초등학교에 들어갔다.

두 살 위의 누나가 나와 같은 학년에 다녔다. 나를 보호하기 위해서, 나와 함께 다니게 한 것이다.

친구도 별로 없었기에 누나와만 이야기했다. 학교가 끝나면 청소를 누나가 나 대신 해주고 책가방도 들어주었다. 하교하고 나서는 엄마와만 놀았다.

초등학교 5학년 때 이모와 외삼촌이 집으로 와서 나를 시골에 이대로 놔두면 교육에 문제가 있다며, 중학교는 천안으로 보내자고 부모님께 말했다.

천안으로 가기 전 기초적인 공부가 안 되어 있어 담임선생님에게 과외를 받았다. 6년 공부할 것을 1년에 끝냈다. 중학교 시험은 합격했지만, 기본이 안 되어 있었기에 글씨는 알아도 소리 내어 책을 제대로 읽지 못했다.

그런 상태에서 객지인 천안으로 갔기에 적응하기가 쉽지 않았다. 국어 시간에 책을 읽으라고 해서 읽었는데, 말도 더듬고 틀리게 읽어 아이들의 웃음거리가 된 적도 있었다. 그 이후에 국어 시간만 되면 힘들었고, 아이들에게 이야기할 때도 말을 빨리해야 한다는 강박관념에 말을 더듬게 되었다. 3학년이 되어도 잘 고쳐지지 않았다. 하지만 공부는 잘했다.

고등학교에 들어갔지만, 여전히 책 읽기가 제대로 안 되었다. 책도 읽지를 못하고, 내성적이며 친구와 교류도 없었기에 교무실로 불려갔다.

"다른 것은 하지 말고 책을 크게 읽는 연습을 해라. 잘못된 것이 아니라 연습이 부족한 것이다."

선생님은 하면 된다는 자신감을 불러일으켜 주었다. 또한, 국어 시간에는 나를 배려해 내가 대답할 수 있는 질문을 일부러 골라서 해주었다. 고등학교 때 여학생 옆에 가지를 못했다. 한 번도 여학생이랑 이야기해본 적이 없었고 고향 집에 가서도 또래 여학생과는 말을 못했다.

대학교에 가서 첫 미팅을 했다. 파트너를 정했는데, 어떻게 해야 되는지를 몰라 여자를 방치하고는 자신감이 없어 집에 돌아왔다. '내가 뭐지?'라는 생각이 들었고, 그런 자신에 대해 화도 났다.

그러다 불교 학생회에 들어갔다. 그곳에는 여학생이 몇 명 있었고 조금씩 이야기할 기회를 갖게 되었다. 한번은 서클에서 대구 은혜사로 10일 동안 엠티를 갔다. 1년 선배 여학생을 좋아했던 것 같다. 은혜사로 갔을 때 선배가 잘해주어 마음이 설레었다. 은혜사에서 시내로 가서 무엇을 사 올 일이 있었다. 내가 망설이고 있는 사이 같은 학년의 다른 남학생이 그 누나와 가버렸다. 그러자 자신에게 화가 났다. 갔다 와서 둘이 이야기를 하는 것을 보니 남자는 저렇게 해야 하는데 하며 자책감이 생겼다. 다음 날 팔공산을 올라갈 때, 그 선배도 나에게 관심이 있다는 것을 느꼈다. 팔공산 가는 길에 선배 누나가 내 뒤를 따라왔다. 바위에 올라갈 때 손을 잡고 올려주어야 하는데, 난 수건을 주고 잡게 했다. 정상에 갔을 때 사진을 찍는데 난 그 누나에게 사진을 찍자는 말도 못 했다.

그런 정도로 사람 관계나 이성 관계에서 자신감이 없는 삶을 살았다. 그러다 2학년 때 군대에 갔다. 군대에서 불교 군종을 했는데, 주말마다 사찰에 갔다. 그 당시만 해도 대학에 다니는 사람이 많지 않았다. 대학을 다녔으니 불교에 관련된 사람을 지도하라는 지시를 받았다. 상병이 되고 사람을 데리고 다니면서 사람 관계에 자신감을 갖게 되었다.

제대 후 복학을 했고 바로 미팅을 했다. 수수해 보이는 여자를 만났는데 나에게 잘 대해주었다. 그 사람이 지금의 아내이다. 취업 공부를 하는데, 그 파트너가 나에게 용기를 많이 주었다. 이성에 대해 갈구하고 신경을 많이 뺏길까 봐, 아내가 안정감을 갖고 공부할 수 있게 많이 배려해주었다. 나이도 6살 차이가 나 결혼해야겠다는 생각은 못 했지만, 아내의 배려 덕분에 결국 대기업에 입사할 수 있었다. 아내는 내가 취업을 했으니 헤어지려고 했다고 한다. 하지만 그때 우리 아버님이 아파서 빨리 결혼해야 할 입장이었고, 결국 아내와 결혼하게 되었다.

현대중공업에 입사하여 처음에 설계부에서 일했고, 그다음에는 현장부서에서 일했다. 그곳에서는 현장 직원 40명을 관리했다. 군대보다 더했다. 이러다가는 회사 생활하기 힘들겠다는 생각이 들었다. 차장이나 중역에게 구둣발로 채이기도 했다. 힘들어서 2주 동안 회사를 가지 않다가 회사에 간 적도 있었다.

그러다가 '착한 얼굴은 집에 놓아두고 회사에 가자'라는 생각을 했다. 말과 행동을 단호하게 하니 현장 부하직원들이 나를 무서워하며 지시를 잘 따랐다. 그러다 보니 사람에 대한 자신감이 생겼다. 그곳에서 대리까지 하다가 회사를 SK로 옮기며 과장이 되었다. 그런데 옮긴 곳은 현장 리더십이 필요 없는 곳이었다. 엔지니어를 관리하고, 발표도 많이 하며 협의도 해야 했다. 말을 조리 있게 잘하지 못하니 내가 이야기를 하면 모두 재미 없어 했다. 발표할 때도 제대로 할 줄 몰라 짤막하게 엉망으로 했다. 한번은 공장장이 "어디 불났냐?"라고 말하며, 서툴고 짤막하게 하는 발표를 비꼬기도 했다. '나에게 어떤 문제가 있을까?' 생각하며 나를 되돌아보았다. 그러면서 내린 결론은 '말만 잘하면 할 수 있겠다.'였다. 그 후 웅변학원도 다니며, 많은 책을 읽었고, 소리 내어 낭독하기도 했다.

누군가의 권유로 '데일 카네기' 과정을 들었다. 그 과정을 이수하는 동안 여러 사람 앞에 설 수 있는 기회가 많았다. 그러다 보니 말하기 공포증이 없어지게 되었다. 말을 체계화하고 논리화시켜주는 기술을 익히면서 말하는 데에도 자신감을 갖게 된 것이다. 내가 연설했을 때, 사람들이 감동받는 모습을 보면서 '나도 할 수 있구나!'라는 생각을 했다.

그러던 어느 날 카네기센터 소장으로부터 카네기 강사를 해보면 어떻겠냐는 제의를 받기에 이르렀다. 처음엔 거절하다가 결국 강사가 되었다.

나의 자신감은 여러 사람 앞에서 말을 잘할 수 있다는 것과 내 이야기를 듣고 사람들이 공감해주는 것에서 생긴 것 같다. 자신감이 있는 나는 좋은 옷을 입고 있는 것 같은 느낌이 든다. 자신감의 정장 내지는 전투복을 입은 것 같은 그런 느낌.

자신감은 다른 부분에도 영향을 끼쳐 도전하게 만들었다. 평소 노래를 못했는데, 차를 타고 가면서 혼자 큰 소리로 노래 부르는 연습을 해서 노래도 잘 부르게 되었다. 또한, 그런 자신감으로 춤도 배워 잘 추게 되었다.

자신감은 여기에 그치지 않고 회사 일에도 어려운 일에 부닥쳤을 때 도전하게 만들었다. 할 수 있다는 도전정신과 열정을 가지게끔 해주었다.

카네기 강사 활동을 하게 되면서 사람을 설득하는 리더가 되었고, 커뮤니케이션에 있어서도 다른 사람의 행동을 변화시킨다는 소리를 자주 듣게 되었다. 더욱더 자신감이 생겼고 회사생활에도 보람을 느꼈다.

일상생활에서도 카네기에서 배운 인간관계 기술원칙을 적용하니 사람과의 관계도 정말 좋아졌다. 그 전에 회사 다닐 때는 상사가 중요하고 회사가 중요하다고 생각했지만, 그들보다는 동료와 부하직원이 중요했다. 그 사람과 관계가 좋아지니 나에 대한 평가까지도 좋아졌다. 자연스럽게 사람들에게 길을 터주니 커뮤니케이션도 잘 되었다. 엔지니어가 정년까지 회사생활을 하는 것이 드물었던 시기였는데, '나는 정년퇴임 1호가 되어보자. 그래! 나도 한 번 해보자'라고 결심한 것이 정년퇴직을 할 수 있게 해주었다. 회사보다는 주변 동료와 인간관계를 잘하는 것이 회사생활을 잘하는 것이라는 것을 느꼈다.

데일 카네기의 과정 중에 자신의 경험담을 발표하는 것이 있다. 그것을 하다 보니 발표에 두려움이 없어졌고, 논리 정연하게 발표할 수 있게 되어 자신감을 가질 수 있었다. 어떤 일에 대해 설명할 때, 보고할 때 프레젠테이션하는 기법을 연습했다. 또한, 사람을 설득하는 기법, 사람을 감동시키는 연설 기법을 배워 내 것으로 만들었고, 그것은 힘들 때마다 그것을 극복할 수 있게 해주는 나만의 무기가 되었다.

• 자신감 = 지식 + 확신 •

자기가 아는 것에 확신이 있으면, 그것에 대해 자신감이 있다고 말할 수 있다. 결국, 자신감은 학습과 경험에서 온다. 카네기는 행동원칙을 학습하고 그것을 실천하여 이룬 성공 경험을 통해 자신감은 증진하게 된다고 말했다. 일주일에 작더라도 한 가지씩 목표를 정해 두고 그것을 이루기 위해 실천하여 성취하는 과정을 통해 자신감은 향상된다.

계획을 세우고 실천하여 성취하면서 그 행동이 맞는다는 확신을 가지게 되면서, 자신감이 생긴다. 그리고 자신감은 또 새로운 도전을 하게 만든다. 그러한 과정을 반복하며 더 큰 자신감을 가지게 되는 것이다.

자신감 있게 사는 삶은 그렇지 않은 경우보다 훨씬 더 가치 있는 삶을 살게 해주며, 결과에서 엄청난 차이가 나게 한다. 그리고 수동적인 삶이 아닌 내가 주도하고, 내가 원하는 삶을 살 수 있게 만들어 준다.

확실한 자신감이
발상의 전환을 가져오게 한다

●

변화된 상황에 성공적으로 대처하기 위해서는 발상의 전환과 함께
강한 동기 의식이 필요하다. 동기 의식은 강한 목표 의식을 갖게 한다.

2005년, 회사는 대규모 투자사업이 마무리되면서 프로젝트의
건설인력과 시운전 인력이 잉여인력으로 남게 되었다. 이 인력을
활용하기 위해서 인건비만 나오면 되니, 소규모 사업이나 해외인
력 파견사업, 국내 기술 용역 등의 사업을 개발하라는 지시가 떨어
졌다. 설비부서, 운전부서, 프로젝트 부서, 동력부서는 고유의 영
역을 확장하여 사업을 만들 수 있었다. 그런데 안전 환경 분야는
돈을 쓰는 부서였기에 사업화는 생각도 할 수 없는 처지였다. 이때
총괄공장장은 발상의 전환을 요구했다. 돈을 쓰는 것이 아니라 안
전 환경을 통해 돈을 버는 것을 검토하라는 지시였다. 그 지시를
받고 여러 가지 가능성을 검토했다. 그런 후 글로벌 종합 환경 에

너지 회사를 벤치마킹하여 '환경에너지전문회사'를 만들기로 했다. 사업은 폐기물 자원, 풍력 사업, 하수처리 용역사업, 상수 용역사업 등 네 개 분야로 마스터플랜을 만들었다.

'환경에너지전문회사'는 팀장인 나 혼자 만든 것이 아니라, 안전환경부 직원들 모두가 힘을 합쳐 만들어가는 회사였다. 직원들에게 함께라면 잘할 수 있다는 자신감을 불어넣었고, 직원들도 일체화되어 움직였다. 기존에 하던 일이 아닌 새로운 일이라 예기치 못한 난관에 부닥쳤지만, 우리 팀은 일사분란하게 움직이며 극복해나갔다. 개개인이 자신의 일이라 생각하는 마인드를 가졌고, 자신감은 어떤 일이든 적극적으로 하게 하는 동기가 되었다.

하수종말처리 사업

우리 회사는 공장 내에서 대규모 종합폐수처리장을 운영해본 경험이 있었다. 그 노하우를 이용해서 지자체에서 운영하는 하수종말처리장을 보다 경제적으로 운용하는 방안을 찾아내어, 울산시에 위탁 운영업체로 등록하는 계획을 수립했다. 그런 계획을 가지고 전국에 있는 하수종말처리장 운영 현황을 조사하고, 위탁처리업체 운영 현황을 검토해서 울산시청 산하에 있는 하수종말처리장에 초점을 맞추었다. 특히 신규로 건설되는 하수종말처리장에 위탁업체로 참여하는 것을 목표로 준비했다. 하지만 우리 회사는 대외적으로는 하수종말처리장 운영 실적이 없었다. 그래서 운영 실적이 많은 업체와 컨소시엄을 형성하여, 하수종말처리장 위탁업체 등록을 신청했다. 그 결과 울산에서 신규 건설되는 세 곳과 기존 하수종말처리장 2곳을 맡게 되었는데, 그곳에 회사 잉여 인원을 배치하였다. 이렇게 짧은 시간에 새로운 사업을 할 수 있었던 것은, 최고 경영진의 적극적 지원이 뒤따른 결과였다.

그 당시 환경 분야 직원들은 장래에 대한 불안감을 가지고 있는 경우가 많았다. 하지만 이 일로 하여 퇴직 후에도 이 분야에서 일할 수 있을 뿐만 아니라, 새로운 회사를 만들 수도 있다는 자신감을 가지게 되었다. 그 결과 자신의 현 업무에 열정적이고 자발적으로 임하는 분위기가 형성되었다. 또한, 이 일은 기존의 업무 라인에 있던 중간 라인을 거치지 않고, 최고 경영층과 직접 소통하여 의사 결정을 신속히 하는 체계를 구축하는 계기로 작용했다.

풍력발전

우리나라는 대체에너지 개발이 국가적 과제이다. 특히 바람이 많이 불기에 풍력발전소가 검토대상이 되었다. 우리 회사도 국가적 대체에너지 개발 정책에 부응하기 위해 풍력 사업을 할 수 있는

택지를 알아본 적이 있었는데, 새만금, 거제도, 태백 쪽이 그 대상이었다. 국내에는 전북대학교에서 전문기술을 가지고 있어 접촉했고, 해외에는 덴마크의 풍력 전문 엔지니어링에 그 가능성을 타진하기도 했다. 유럽을 직접 방문하여 풍력발전에 대한 벤치마킹을 했으며, 현대중공업과 제작 기술에 대해 논의하기도 했다.

상수도 사업

우리 회사에는 파이프라인 네트워크에 기반을 둔 사업이 있는데, 그와 연계한 상수도 사업에 대해서 선대 회장이 이야기한 적이 있다. 현재는 지자체가 운영하고 있지만, 국가 장기 계획으로 민간에게 위임하는 것에 대비하여 준비하였다. 회사 내에 상수도 공업용수나, 음용수 생산시설을 갖추고 있기 때문에 충분한 기술노하우를 축적하고 있었다. 법적인 문제가 걸려 있어, 사업 준비만 하고 실행은 보류했다.

매립장 안정화 사업

우리나라 매립장은 비위생 매립장으로 침출수나 냄새 등으로 인해 강이나 바다가 오염되고 있는 현실이다. 또한, 악취로 인해 환경문제가 야기되고 있다. 이와 같은 문제를 해결하기 위해, 지자체에서는 비위생 매립장 안정화를 통한 침출수 처리와 악취 제거를 하기 위한 기술사업을 공모하고 있었다. 우리 회사는 대규모 위생 매립장 사업의 가능성을 타진했고, 그중에서 우선 전주시 서산동에 있는 서산매립장 안정화 사업 기술 공모에 참여했다. 우리 회사는 그 지역에 연고도 없고, 특허기술도 없었다. 이를 보완하기 위해서 그 지역 건설 시행사와 냄새 제거 특허를 가진 회사와 컨소시엄을 형성하고, 우리 회사는 PM(프로젝트 매니지먼트)사 자격으로 참여했다.

이 사업에 선정되기 위해서는 심사위원들에게 사전에 설명해야 하는데, 심사위원인 교수들에게 기술 설명을 하고 설득하는 시간이 부족했다. 일주일밖에 시간이 없었기 때문에 팀원들 전부가 흩어져서, 맨투맨으로 심사위원인 교수에게 설득하는 작업에 돌입했다. 한 직원은 춘천에 있는 대학교수에게 설명한 후, 밤에 직접 차를 몰아 광주로 가기도 했다. 쉽지 않은 일이었지만 그 직원은 하나도 힘이 들지 않는다고 했다. 자신감을 가지고 움직일 때는 비정상적 상황이라 할지라도 긍정적으로 받아들이게 되고 힘이 들지 않았던 것이다. 그때가 내 생에 가장 즐겁고 일도 많이 했던 시절이라고 회고된다. 그런데 그 사업은 채택되지 않았다. 지역 한계를 넘을 수 없었기 때문이었다. 그 당시 2억이라는 돈이 들어갔다.

앞에 사업이 잘 되었고, 열심히 했기 때문에 비록 비용만 날린 결과가 되었어도, 경영층에서는 질책하지 않고 오히려 격려를 해주었다. 그랬기 때문에 나머지 다른 사업에 대한 열정을 불태울 수 있었다.

그 이후 회사의 대규모 투자사업이 재개되면서 인원들이 다시 돌아오게 되어 더 이상 사업은 추진하지 않게 되었다. 그 사업은 멈추게 되었지만, 그 일은 열정과 자신감의 씨앗이 되었고, 그 일로 하여 팀워크도 좋아졌다. 또한, 그 일을 추진하는 과정에서 직원들의 업무 능력도 많이 향상되어 눈에 보이지 않는 무형의 효과까지 가지게 되었다.

이와 같은 여러 가지 사업은 발상의 전환을 거쳐서 하게 된 사업이다. 잉여 인원 발생이라는 위험을 새로운 사업의 시작이라는 계기로 활용한 사례이다. 현재의 경제 상황은 굉장히 어렵다고들 한다. 하지만 아무리 어려운 상황이라도 이처럼 발상의 전환을 하고 자신감을 가지고 도전하면, 그 어려움은 기회로 바뀔 수가 있다고 생각한다.

• 사고의 틀을 깨라 •

일을 하다 보면 예기치 못한 상황에 언제든 부닥칠 수 있다. 예기치 못한 상황에 대해 기존의 방식으로 대처한다면 실패할 확률이 그만큼 높아진다. 그럴 때는 기존 사고의 틀을 깨야 할 때임을 알아야 한다. 즉 발상의 전환이 필요할 때라는 것이다.

그리고 변화된 상황에 성공적으로 대처하기 위해서는 발상의 전환과 함께 강한 동기 의식이 필요하다. 동기 의식은 꼭 이루어내야 한다는 강한 목표 의식을 가지는 것이고 그에 수반되어야 하는 것이 자신감이다.

혼자 하는 일이 있고, 팀으로 구성되어 하는 일이 있다. 팀의 활동인 경우, 리더는 목표를 설정하고 지속적으로 팀원과 의사소통을 하며 격려해야 한다. 그러기 위해 리더는 목표를 공유하고 달성할 중간 목표도 함께 만들어야 한다. 그리고 목표를 달성할 때 팀원에게 어떤 영향과 이익을 줄 것인지를 알려주어야 한다. 작은 목표를 하나하나 달성할 때마다 팀은 할 수 있다는 자신감을 한층 더 강하게 가지게 될 것이며, 그런 자신감은 큰 고난도 극복하게 하여 최종 목표를 달성하게 만든다.

어색함을 극복하는 방법
_먼저 다가가라

●

내가 먼저 다가서라. 만남을 이루는 것에도 자신감이 필요하다.
좋은 만남을 원한다면 주저함으로 시간을 낭비하지 말라.

2019년 11월, 베트남 하노이에서 개최되는 한·베 음식문화 축제에 동생과 함께 참석하게 되었다.

베트남은 처음 방문하는 것이었고, 목적은 막걸리 등 한국의 전통주를 홍보 및 판매하고 바이어를 만나 수출 길을 여는 것이었다. 한국의 주요 막걸리 회사 7개사가 참가하였는데, 각 회사에서 두 명씩의 인원이 참여했다.

나와 동생은 하노이 호텔에 도착하여 짐을 풀었다. 다음날 음식문화 축제장에 도착하니 한국과 베트남 부스가 열려있었는데, 말이 전혀 통하지 않은 상황이라 각 부스별로 국가에서 통역을 붙여주었다.

우리에게 온 통역사는 하노이 대학 4학년 아르바이트생이었다. 가지고 간 술을 진열하고는 손님을 기다렸다.

관람객이 줄을 지어 지나가고 있었다. 힐끗힐끗 쳐다보며 지나 갔고, 우리도 쳐다볼 수밖에 없었다. 7개사 중 2개 사는 현지 법인 이었고, 그 직원들이 나와 호객도 하고 시음회 행사도 했다. 하지 만 5개 사는 분위기에 적응하지 못해 서먹서먹해했고 부스도 한산 했다.

시간은 점점 흘러갔고, 이렇게 해서는 안 되겠다는 생각이 들어 시음 준비를 해두고 먼저 시음을 했다. 기분이 약간 상기되었다. 그래서 아르바이트생에게 현지어 2개만 알려달라고 했다. 하나는 "이것 좀 드셔보세요." 하나는 "고맙습니다." "신머이우워엉." "찐 짜오." 두 개의 말을 발음 연습했다. 막걸리도 한잔한 김에 지나가 는 베트남 여자 관람객을 보고 "신머이우워엉" 하니 쳐다보지도 않고 지나쳤다. 다시 한번 "신머이우워엉" 하면서 컵을 들고 주는 시늉을 하니 지나치다 발길을 돌려 우리 부스로 들어와 시음을 했 다. 자신감이 생겨 지나가는 사람에게 권하니 들어오는 사람이 점 점 많아졌다. 그러한 나를 보고 알바생도 적극적으로 나서서 권했 다. 이러는 중에 막걸리가 2병 팔렸고, 자신감이 생겨 다른 경품도 주었다. 처음으로 장사를 해보았는데 팔리는 것을 보고 더 신이 나 서 "신머이우워엉"을 외쳤다.

계속되는 호객행위 중 내가 한 사람을 향해 용기 있게 "신머이우워엉"이라고 하니, 그가 웃으며 대답했다.

"한국사람이에요."

그는 비싼 술을 하나 사들고 가면서 한마디를 더했다.

"비싸서 현지 사람들은 잘 안 살 겁니다."

미국인 부부도 짧은 영어로 이야기를 나누며 우리 부스에서 오래 머물렀다. 참여한 업체들이 와서 사진도 찍고, 하는 것을 보고 신기해하며 웃었다. 참가한 사람끼리 점심을 먹었는데, 어디서 판촉 활동을 한 경험이 있는지, 나이도 많은 사람이 어떻게 그렇게 적극적으로 하는지, 어떻게 했기에 현지인이 이렇게 모여드는지 묻기도 했다. 나는 "신머이우워엉"에 설명해주면서 이렇게 대답하였다.

"내가 먼저 다가가니 다가오더라, 하노이 사람들은 적극적이지 않고 피동적이더라."

오후에 들어서는 자신감을 갖고 더 열심히 했고 막걸리도 많이 팔려 나갔다.

그 와중에 베트남 국영 TV인 VTV에서 인터뷰 요청을 해왔다. 하나의 망설임도 없이 하겠다고 하고, 다음 날 인터뷰 약속을 잡았다. 그리고 사장인 동생에게 이야기했다. 그날 3일 동안 팔아야 할 막걸리를 하루 만에 다 팔게 되었다. 내가 아르바이트생과 판매를 하는 동안 동생은 바이어들과 만날 계획을 세웠다. 하지만 동생은 바이어를 만나지는 못했다. 내일은 내가 바이어를 잡아야겠다고 생각하며 하루를 마쳤다.

다음 날 아침 일찍 부스를 열고 다른 부스를 돌아보았다. 다른 부스에 있는 알바생들이 서로 내가 있는 부스가 제일 재미있는 것 같다고 말해주었다.

판촉 활동을 하는 중에 다른 부스의 사장들도 나에게 자극을 받아서 판촉에 적극 나섰다. 내가 자극을 주어 옆집이 잘 되는 것이 스트레스가 아니라 동기 부여를 했다는 생각에 뿌듯했다. 내가 긍정적인 요소를 많이 주었다는 것을 느꼈다.

어색함은 주변을 의식하는 것인데, 활동적으로 하니 내 주변의 사람이 보이지 않았고, 오로지 고객만이 보였다. 목표를 향해 적극적으로 다가갔을 때 진정한 용기가 생겼다.

사람에게 다가설 때는 올 때까지 기다리지 말고 내가 먼저 다가서야 한다. 카네기는 이렇게 말했다.

"내가 먼저 다가서라."

오후에 전날 약속한 인터뷰를 위해 VTV 팀이 왔다. 동생을 불러 인터뷰를 하게 했지만, 그들은 동생과 하는 것보다는 나하고 하겠다고 했다. 아르바이트를 불러 왜 그러냐고 물었더니 내가 활동적으로 하는 것을 보고 나를 인터뷰하기 위해 온 것이라고 했다. 다음 날 인터뷰 장면이 베트남에서 방영되었고, 베트남에 있는 친구가 그것을 보고 연락해 오기도 했다.

3일째 마지막 날, 증류식 소주만 남고 준비해 간 막걸리를 다 팔았다. 증류식 이도소주(이도는 세종대왕 아호)는 고가(병당 4만 원)이기 때문에 시음을 하게 되면 비용이 많이 들었다. 그래서 손님을 선택해서 시음을 하게 했다. 필요해 보이는 사람과 살 수 있겠다는 사람만 한정해서 호객행위를 한 것이다. 현지인은 고가라서 잘 사지 않으니 못 팔 경우 다른 바이어에게 넘기자는 생각이었다. 연못에 낚시를 드리우고 참고 기다리자 하는 마음으로 기다렸다. 그때 한국 사람이 와서 팔게 되었고, 다른 사람을 소개해주겠다고 약속하고 갔다.

오후에 베트남 부부에게 증류 소주에 대해 설명해주고 시음 소주를 가지고 와서 권하니 받아 마셨다. 관심이 있냐고 물으니 관심이 있다고 했다. 베트남 술과도 비교해보고 싶다며, 미소를 지으면서 마셨다. 그러고는 세 병을 사 갔다. 싸게 팔고 싶었지만, 시장을 흐릴까 싶어 선물을 하나 주었다. 당신에게 호감이 간다고 이야기하니 자기는 공무원이고 옆에 있는 사람은 공안이라고 소개하며, 신분증을 보여주었다. 그러자 믿음이 갔다. 자신이 나머지를 다 가져가겠다고 사무실로 가자고 했다.

통역을 동행하여 나섰다. 공산주의 사회이기 때문에 납치될까 하는 우려도 들었다. 통역도 있고 낮이니 괜찮다는 생각이 들었다.

154

그곳에서 가서 사진도 찍고 비즈니스에 대해 이야기했다. 그러자 자신이 선전을 많이 해주겠다고 했다. 그러고는 언제 가는지를 물었고 내일 간다고 하니, 4일 후에 행사가 있는데 보고 가라고 전했다. 비행기 시간도 옮겨주고 표도 끊어주고 있는 동안 호텔비도 부담해주겠다며 생각해 보라는 것이었다. 생각해 보겠다고 하고 그곳을 나왔다.

다음 날 통역을 통해 그날까지 있겠다고 통보해주었다. 그래서 5일 간의 새로운 일정이 시작되었다.

동생은 형이 그런 기질이 있는 줄 몰랐다고 했다. 여러 사람 앞에서 판매하는 것을 처음 봤고 서울 가서 같이 한번 해보자는 이야기까지 했다.

이 경험은 새로운 환경에 들어가면서 나의 새로운 모습을 발견하는 계기가 되었다. 좌판에서 팔든지, 어디서 팔든지 여러 사람 앞에서 무언가를 할 수 있다는 자신감도 생겼다.

• 내가 먼저 다가가라 •

사람들은 낯선 사람과 잘 지내고 싶어 하지만, 그 사람이 먼저 말을 걸어오기를 기다리는 경향이 있다. 말을 걸었을 때 거절당 하면 어떨까 하는 두려움이 먼저 말을 거는 것에 대해 망설이게 만든다. 내가 상대방을 기다리듯이 상대방도 내가 먼저 다가오 기를 기다린다고 생각하며 내가 먼저 다가가는 것이, 관계 맺기 에 첫걸음을 떼는 것이다.

나에게 도움이 되는 사람이나, 호감이 가는 사람 등을 찾게 되면 먼저 다가가야 한다. 과거의 만남은 우연에만 의존하는 경우가 많았다. 만나지는 사람 중에 괜찮은 사람과 관계 맺기 하는 것이 대부분이었다. 그렇게 해서는 좋은 관계망을 형성하기 어렵다.

내가 먼저 다가서야 한다. 만남을 이루는 것에도 자신감이 필요 하다. 좋은 만남을 만들기 위해 자신감을 가지자. 좋은 사람과 관 계 맺기를 원한다면 주저함으로 시간을 낭비하지 말고 자신감을 가지고 덤비자.

베트남 사람에게 내가 먼저 다가서게 만든 것은 자신감이었다. 그러니 그들도 나에게 다가왔다.

유통을 통해 절감한
커뮤니케이션의 힘

●

말할 자격을 갖추어라. 열렬하게 이야기하라. 전달하기를 열망하라.
사건을 말하고, 행동을 요구하라.

2018년, 농부 3년차에 울산 농업기술센터에서 운영하는 농업 그린대학을 수료했다. 그린대학의 학생 대표로 활동한 덕분에 과수, 농, 한우 축산농, 근교 채소 농가 등과 많은 커뮤니티를 이루고 다양한 분야의 사람들과 교류할 수 있었다. 각 농가를 방문하고 유관기관의 협조를 얻어 농수산물 시장조사를 실시하였다. 나는 시설농가와 작목반이 재배하지 않은 틈새 작물인 겨울 냉이, 꼬들뱅이, 머위, 완두콩을 출하 농작물로 정하고, 기존에 있던 천년초를 주력 작물로 결정하였다.

게임에서도 돈이 걸려야 재미있고 기량도 향상되고 최선을 다하는 것과 같이, 농작물도 유통 판매를 통해서 농업 기술력도 향상되고, 소비자와 직접 소통함으로써 농업에 대한 자부심과 보람을 느끼게 된다. 유통 판매의 냉엄한 시련을 통해 결국 전문적인 농업인이 되는 것이다.

필자는 유통 판매를 하기 위해 로컬 푸드를 적극 활용하기로 하였다.

로컬 푸드는 그 지역 내 농가에서 자체 생산한 농산물을 직접 선별 포장하고, 가격을 바코드에 표시한 후에 진열대에 손수 진열하여 판매하는 것이다. 소비자는 마트에서 물건을 사듯이 로컬 푸드 진열대에서 물건을 골라 농협 마트 계산대에 가서 계산하면 된다. 로컬 푸드를 관리하는 농협 마트에서는 매장 수수료 10%만 제외하고, 나머지 금액을 생산자 예금계좌에 입금해주는 유통 판매 방식이다. 필자 같은 귀농인에게는 아주 편리하고 유익한 농산물 직거래 시스템이다. 또한, 소비자는 그날 생산된 신선한 농산물을 그날 살 수 있다는 큰 장점을 갖고 있다.

생산자인 필자로서는 채소와 과일인 경우는 그날 팔리지 않으면 다음 날 아침에 전량 수거해서 폐기 처분해야 하는데, 그것이 몹시 가슴 아픈 일이기도 했다.

로컬 푸드 시스템을 이용하면서 그동안 틈틈이 익힌 마케팅 학문을 직접 실천해 보는 좋은 기회가 되었다.

시장조사, 작물 선택, 타깃고객 선정, 출하시기 결정, 선별 및 포장, 가격 결정, 홍보 등 모든 단계를 적용해 보는 마케팅 실천 현장

158

이 되었던 것이다.

가격 결정할 때는 가격을 낮추면 농가들로부터 많은 불만을 받게 된다.

그들은 농업을 생업으로 하고 있다. 따라서 가격 시장은 그들에게 매우 민감하다. 내가 조금 많이 팔려고 가격을 낮춰 버리면 시장 가격에 교란이 생긴다. 이럴 경우 서로 간의 반목과 따돌림 등 인간관계에 큰 악영향을 미치게 된다.

출하 시기는 매주 수요일, 금요일, 토요일을 이용했고 월간으로 보면 두 번째 수요일과 네 번째 일요일이 좋았다. 다른 대형마트는 다 휴일이지만 농협 마트만은 연중무휴이기에 이날은 소비자들이 많이 모이게 된다. 신선 야채류는 수요 공급선의 적용 기간이 아주 짧다. 이 기간을 놓치면 제품 가격 하락과 많은 재고가 발생하여 손실이 이만저만이 아니다. 그래서 농사는 때와 시기가 가장 중요하다.

농산물 판매에서도 마찬가지다.

시장에서는 경쟁 원리가 작용되기 때문에 무엇보다도 품질 관리가 중요하다. 종자 선정부터 포장까지 모든 단계에서 정성이 필수적이다.

필자는 제품을 출하할 때, 딸을 시집보내는 기분으로 예쁘게 가꾸고 화장해서 소비자들로부터 사랑과 선택을 받을 수 있도록 한다는 마음으로 임하고 있다. 다음 날 재고로 나온 상품을 보면 마음이 몹시 무겁다. 팔리지 않은 것에 대한 원인을 분석하기 위해서 제품 포장을 뜯고 제품 하나하나를 살펴본다. 소비자의 눈은 무섭기만 하다.

로컬 푸드에 가는 것은 필자에게 또한 특별한 의미가 있다. 그것은 사회와의 직접 소통하는 통로이기 때문이다. 로컬 푸드에 가면 바삐 돌아가는 유통 시스템에 나도 덩달아 활력이 넘치고 삶의 에너지를 강하게 느끼게 되었다.

로컬 푸드를 통해 사회와 소통하는 것에 많은 노력을 기울이자 의외의 홍보 기회가 생겼다. 평소 필자는 홍보 방법으로 매장 주변에 근무하는 아르바이트 직원들이 입소문을 내는 것에 집중했다. 평소 그분들과 인맥 관계를 탄탄히 맺어두었다. 그 사람들은 소비자를 제일 일선에서 맞이하기에, 소비자의 요구사항과 의견, 불만 사항을 잘 알고 있다고 생각했다. 또한, 그들의 입소문을 타면 그 어느 홍보 방법보다도 아주 효과적이라고 생각했다. 모든 것은 다음 단계가 존재한다.

그런 식으로 홍보하는 과정에서 그 사람의 입소문들 타고 우리나라 공영방송인 KBS가 나의 농장에 관심을 보이게 된 것이다. 작년과 올해 세 번의 공중파 방송을 탔다. 처음은 KBS '6시 내 고향' 전국 방송을 통해서이며, 두 번째는 울산 KBS를 통해서다. 전국 방송을 타고난 뒤에는 사람들이 나를 보는 눈이 달라짐을 느낄 수 있었다. 귀농 3년차임에도 불구하고 전국 방송을 타니 새롭게 나를 보게 된 것이다.

어떻게 해서 방송에 나올 수 있었는지 물어보는 사람이 많았다. 그곳에 아는 사람이 있는지 물어보기도 했는데, 아는 사람은 없다. 로컬 푸드 직원과 인간관계를 좋게 하다 보니 그들이 소개하여 나를 취재하러 온 것이다. 중앙방송을 타고 난 뒤, 지방 방송에서도 나를 취재하러 왔다. 방송을 타자 비싼 광고비를 들이지 않고도 자연스럽게 홍보가 되었다. 개인 인지도뿐만 아니라 상품 홍보도 되었으며, 귀농에 대한 자부심도 느끼게 해주었다. 일 년에 세 번 정도 매스컴을 탈 수 있었던 것은 카네기를 통해 커뮤니케이션하는 법에 대해서 학습한 효과라 생각된다.

유통은 혼자 일을 하는 나에게는 상품을 통해서 사회와 소통하는 하나의 창구가 되었다.

• 카네기의 커뮤니케이션의 원리(주제) •

첫째, 말할 자격을 갖추어야 한다

말하고자 하는 것에 대해 경험, 학습한 것이 풍부해야 한다.

둘째, 열렬하게 이야기해야 한다

어떤 일이든 잘 될 거라는 긍정적인 생각으로 하면 흥분하고 몰
입하여 이야기를 할 수 있다. 그러면 상대방도 긍정적으로 내 말
에 귀 기울여 준다.

셋째, 전달하기를 열망하라

어떤 가치를 전달하고자 한다면 상대방에게 꼭 전달하고자 하는
마음이 강하게 선행되어야 한다. 그래야 그것이 말 속에 묻어나
고 상대방은 그런 나의 말을 적극적으로 수용한다.

• 커뮤니케이션 공식(의사 전달 순서) •

첫째, 사건을 말함

구체적인 사례를 생생하게 묘사하여 사람들이 흥미를 가지도록
유도한다.

둘째, 행동을 요구함

흥미를 가진 청중이 사례와 같이 느낀 대로 행동하기를 요구한다.

셋째, 이익을 말함

행동을 함으로써 얻는 이익을 이야기한다. 이때 구체적으로 어
떤 이익이 주어지는지를 알려주어야 한다. 그러면 상대방은 그
런 행동을 기꺼이 하게 된다.

참새 여치 찌질이
_협력을 얻어내는 원칙

●

논쟁하지 말라. 상대방의 견해를 존중하고, 당신이 틀렸다고 말하지 말라.
상대방의 생각이나 욕구에 공감하라.

농장에서는 거의 혼자 지낸다. 그러다 보면 외롭고 사람이 그리
워진다. 우리 농장에는 주말이면 참새, 여치, 찌질이라 불리는 사
람들이 자주 모인다. 참새라는 별명은 그들 부부가 함께 주말에 외
출할 때는 남편이 꼭 우리 농장을 들렀다 가자고 해서, 그 부인이
그에게 붙여 준 별명이다. 여치는 성이 여씨인데 일할 때는 하루
종일 가요를 틀어놓고 일을 하는 까닭에 내 아내가 붙여 준 별명이
다. 찌질이는 농장 옆에 조그만 농사를 짓고 있는 분인데, 우리 모
임에 갈 때 찌질하게 놀지 말고 술도 사고 고기도 사라고 그 부인
이 붙여주었다고 했다. 우리는 그 사람을 찌질이라는 귀여운 별명
을 붙여주었다.

하루는 필자가 경운기로 밭을 갈다가 도랑에 경운기가 빠진 일이 있다. 경운기로부터 기름이 흘러나와 연못으로 들어가기 직전이었다. 엎어진 경운기를 혼자 힘으로는 도저히 바로 세울 수가 없었다. 순간 직장 생활할 때 기름이 유출된 누유 사고가 기억이 났다. 지금 이 순간에 레커차를 부를 수도 없다. 들어올 길이 없기 때문이다. 생각난 것이 여치였다. 여치한테 전화해서 지금 급히 올 수 있느냐고 했다. 여치는 그럼 가야지 하면서 10분도 안 되어서 도착했다. 둘이 힘을 합치니 거뜬히 경운기를 꺼낼 수 있었다. 모든 상황이 종료되고, '아! 이래서 이웃사촌이 제일이라고 하는 거구나'라는 생각을 했다. 이 순간에 도움을 줄 수 있는 사람은 바로 이웃이었던 것이다.

힘들고 지쳐 있을 때 참새가 방문해서 좀 쉬자고 했다. 세상 이야기도 해주고 주식 돌아가는 이야기도 해주었다. 한번씩 시원한 냉면을 같이 먹으러 가면, 그동안 농장 일을 하면서 흘린 땀이 다 씻겨 없어지는 것 같은 느낌이 들었다. 농장 일을 하다 보면 옷이 항상 몸에 붙게 된다. 이를 방지하기 위해서 방진 원피스를 입는다. 이것을 사람들은 피스복이라고 부른다. 이 피스복과 장갑은 찌질이가 보급해준다. 역시 인간관계는 물건을 주고받으면 더욱 친해지는 것 같다.

주말에 점심을 같이하면서 '아 이것이 퇴직 후의 행복이구나.' 하는 흐뭇한 느낌이 들곤 한다. 그때마다 인생 후반전은 주변 사람들과 잘 지내는 것이 그 무엇보다도 중요하다는 말을 실감하게 된다. 직장 생활을 함께했던 동료, 사회생활 했던 친구들은 이제 먼 옛날 사람 같이 느껴진다. 그들 역시 나를 먼 옛날 사람으로 기억하지 않을까? 인생 후반전, 과거는 흘러갔고 지금이 중요하다. 지금은 죽을 때까지 함께 할 새로운 인간관계를 형성해야 할 때라는 생각이 들었다.

이 세 사람이 나와 친하게 된 것에는 항상 우호적인 말로 시작하는 나의 대화 태도가 많은 도움이 되었다고 생각한다. 농담이라도 부정적인 농담은 하지 않는 대화 방식이 그 사람들에게 호감을 준 것 같다. 그 사람들이 나에 대해 조그만 불만이라도 이야기하면 바로 그것을 인정했다. 그리고 당신들이 맞는다고 말해주었다. 비즈니스 관계가 아니고 인간관계였고, 나의 부족한 점이 자신에게 해를 미치는 것이 아니었기에, 자신들이 나에 대해 비판한 것에 대해 집에 가서 한 번 더 생각하는 과정에서 나 스스로에 대한 인식이 바뀌었다는 것이다. 또한, 그 사람들의 부인 중 한 명이 나를 만나고 나서 남편이 사람 관계 맺는 것이 많이 바뀌었다고 말해주었다.

• 협력을 얻어내는 원칙 •

첫째, 논쟁을 하지 마라.

둘째, 상대방의 견해를 존중하라. 결코 당신이 틀렸다고 말하지 마라.

셋째, 잘못했으면 즉시 분명한 태도로 그것을 인정하라.

넷째, 우호적인 말로 시작하라.

다섯째, 상대방이 당신의 말에 긍정적으로 대답하게 하라.

여섯째, 상대로 하여금 많은 이야기를 하게 하라.

일곱째, 상대로 하여금 그 아이디어가 바로 자신의 것임을 느끼게 하라.

여덟째, 상대방의 관점에서 사물을 볼 수 있도록 노력하라.

아홉째, 상대방의 생각이나 욕구에 공감하라.

어머니와의 마지막 21일
_극적으로 표현하라

●

임팩트 있게 표현하라. 자신의 생각을 극화시키면 일반적으로 표현하는 것보다
상대방을 훨씬 더 감동시킨다.

2007년 설 명절 고향 가는 길이 가볍지만은 않았다. 나중에 아
내에게서 들은 이야기지만 새삼 공감이 되었다. 시집이 가까이 다
가오니 자신도 모르게 자동차 브레이크를 점점 강하게 누르고 있
었다고 한다. 집에 도착하니 어머니는 하루 전에 퇴원했다며 누워
계셨다. '2주 전 혼자 걸어가 몸소 입원했던 어머니가 아닌가. 그런
데 왜 이렇게 되었지?'라는 당혹감과 장차 벌어질 일에 대한 걱정
이 앞섰다. 어머니가 편찮으시다는 말을 듣고 누나와 동생이 왔다.

그런데 갑자기 어머님이 거실에서 용변을 보셨다. 용변조차 스
스로 해결할 수 없는 상태였다. '누군가는 치워야 하는데 과연 이
것을 누가 치워야 할 것인가?' 나는 자신이 없었고 병원에서는 한

번 남동생이 조치했다고 하는데, 서로 눈치만 보고 있었다. 침묵이 흘렀고 어느 정도 시간이 흐르자 아내가 갑자기 "모두 나가세요." 라고 말했다. 아내를 제외한 모두는 밖으로 나갔고 아내 혼자서 어머니의 용변을 치우고 난 뒤 다시 들어오라고 했다. 순간 '우리에게도 이런 일이 벌어지는구나. 앞으로 어떡하지?'라는 생각이 들어 만감이 교차했다. 그날 밤, 잠자리에서 아내가 말했다.

"여보, 내일 어머님 모시고 우리 집으로 가요."

그러나 아내의 그 말이 바로 귀에 들어오지 않았다. 그동안 어머니와 아내 사이는 눈에 보이지 않는 고부간의 갈등이 많았기 때문이다. 그 때문에 선뜻 어머님을 모시고 갈 수 있는 상황이 아니라고 생각했다.

"난 어머니를 모실 자신이 없어."

"그래도 어머니를 우리가 모셔야지요."

"자고 일어나서 내일 다시 생각해봐요."

다음 날 아침, 차례를 지내는 둥 마는 둥 하고 아침밥을 먹은 후 아내가 먼저 이야기를 꺼냈다.

"어머니, 이제 우리 집으로 갑시다."

다른 가족에게도 어머니를 우리 집으로 모시고 갈 거라고 말했다. 어머니는 아무 말도 안 하고 누워만 계셨다. 빨리 가자고 재촉하니 어머니는 어디 가서 만날 사람이 있다고 했다. 그래서 어머니를 차에 모시고 동네를 돌며, 여러 집에 들러서 작별 인사를 했다.

그때 어머니는 마치 돌아가시기 전에 동네 사람들과 마지막 작별 인사를 한다는 느낌마저 들었다. 인사를 마치고 마지막으로 누나들과 동생과 어머니는 작별 인사를 나누었다. 그들은 조만간에 울산으로 다시 내려오겠다고 하면서 인사를 마쳤다. 차를 타고 오는 그 길은 눈이 많이 와 빙판이었다. 눈도 내렸고 어머니도 뒤에 타고 계셨기 때문에 차를 빨리 달릴 수는 없었다. 추풍령 휴게소 안내 표지판이 보였다.

"추풍령 휴게소에 들러서 요기나 하고 갑시다."

휴게소로 들어갔다. 아내는 휴게소 식당으로 들어가 빈 컵에다 된장국을 가득 담아서 차로 돌아왔다. 어머니는 그걸 조금 마시면서 한 말씀 하셨다.

"따뜻해서 참 좋네."

다시 차를 몰고 울산을 향했고 도착해 보니 7시간 이상 걸렸다. 많이 피곤했지만, 뒤를 돌아보며 어머니를 살폈다.

"어머니 괜찮아요?

"응, 괜찮아."

어머니 목소리도 상당히 맑은 것 같았다. 그때서야 '아, 어머니도 진짜 여기 오고 싶으셨나 보다'라는 생각이 들어 마음이 짠하였다.

어머니를 업고 2층으로 올라갔다. 1층은 아내가 근무하는 진료실이고 2층은 우리가 사는 관사였다. 그때부터 어머니와 함께 살게 되었다. 아내는 낮에 주변 동네 환자들을 보살피는 진료를 하였고, 나는 출근을 하였다. 일을 하고 있는데, 어머니는 나에게 단축 다이얼로 1시간에 한 번씩 나중에는 30분에 한 번씩 계속 전화를 해서 아프다고 했다. 그럴 때마다 아내에게 전화해서 어머니에게 가보라고 했다.

퇴근하고 오면 마음이 무거웠다. 퇴근해서 보면 아내는 어머님이 드실 국이랑 밥을 매일 매일 새롭게 해놓았다. 일요일에는 어머님이 먹고 싶다고 해서 아내는 냉잇국을 해왔다. 그 겨울에 냉이가 있었다. 옛날 전설 이야기가 생각났다. 어떤 효자가 아버님이 아파 연못에 가서 잉어를 달라고 기도했더니, 산 잉어가 얼음을 뚫고 뚝 튀어나왔다는 효자의 이야기.

냉잇국을 어머니는 맛있게 드셨다. 시간이 흐를수록 어머니의 고통은 심해졌고 정신도 황폐해져 갔다. 밤에는 잠을 못 주무시고 계속해서 내 이름을 부르며 깨웠다. 잠결에 아내가 어머니를 주물러 드리기도 하고 옆에서 "어머니 좀 참으세요." 하는 소리도 하곤 했다. 어떤 날은 어머니가 계속 나를 부르니, 집사람이 어머니를 앞을 가로막기도 했다.

"어머님, 저랑 같이 있어요. 현수 아빠는 지금 너무 피곤해하네요. 내일 아침에 또 일해야 하니까요."

나는 방에서 두 고부가 다투는 것을 보고 있을 수밖에 없었다. 그런데 아내가 갑자기 무릎을 꿇었다.

"어머니 저를 좀 봐주세요, 제가 잘못했어요."

이렇게 또 이삼일이 지났다. 시간이 갈수록 고통은 점점 더 심해졌고 아내도 어머니의 고통을 잠재우기 위해 쉽지 않은 노력을 했다. 그러는 와중에 어머니께서 갑자기 병세가 심해졌다.

"더 이상 안 되겠다. 나를 병원으로 데려가다오."

부랴부랴 어머니를 모시고 병원에 갔는데, 병원에서는 이미 임종을 했다고 했다. 살아생전에 짧은 21일 동안 아내와 어머니는 그동안의 간격이 많았던 갈등을 해소하고 잘 지내주어 너무나 고마웠다. 언젠가는 아내에게 그에 대한 보답을 꼭 해야겠다고 생각했다.

그러던 차에 5월 가정의 달을 맞이해서 SK그룹 사내방송에서 가정 드라마를 모집한다는 홍보가 있었고, 난생처음 방송에 문을 두드렸다. 대충 원고를 써서 보냈더니 방송에서 취재를 오겠다는 전화가 왔다. 아내가 일하는 곳에 몰래카메라를 설치하고 가정 드라마를 촬영하겠다고 했다. 방송하는 날 미리 써둔 편지와 꽃을 한 다발 사서 갔다. 아내는 진료를 하고 있었는데, 꽃을 전달하면서 편지를 동네 사람들 앞에서 낭독했다. 그 편지 내용은 이랬다.

"여보, 나는 그동안 당신이 어머님께 해준 그 효심이 너무 고마웠고, 감동해서 오늘 이 편지를 썼습니다. 당신이 베풀어 준 그 고마음에 어머님을 그리는 마음으로 당신을 사랑할 겁니다. 평생 당신을 천사로 생각하면서 당신과 함께 잘 살아가기 원합니다."

편지 낭독이 끝나자 동네 할머니들과 집사람은 모두 눈물을 글썽거렸다.

172

• 극적으로 표현하라 •

바쁜 삶 속에서도 임팩트 있게 표현하기 위해 SNS, 유튜브 등 대중매체를 활용해보자. 텔레비전 상품광고에 수억을 투자하는 이유를 이해한다면, 비즈니스나 인생에서도 우리가 갖고 있는 생각을 극화시킬 수 있다. 일반적으로 표현하는 것보다도 상대방을 훨씬 더 감동시킬 수 있으며, 어떤 일에 대해 설득하기도 쉽다. 또한, 상대방을 우리의 협력자로 만들 수 있게 된다. 조금만 노력하면 손쉬운 일이다.

큰며느리한테 칭찬받은 주례사
_사례를 들어 시작하라

●

연설이나 강연에서 전하고자 하는 핵심을 추출하여 말미에 제시하라.
일반적인 연설보다 훨씬 설득력이 있다.

정년퇴직 후 전업 농 1년차 되던 해였다. 대전에 있는 큰며느리
에게서 전화가 왔다.

"아버님, 제 친구가 이번에 결혼하는데요. 아버님이 주례를 해주
셨으면 좋겠어요."

"아, 나 주례 잘 못 하는데."

"아니에요. 아버님은 충분히 잘하실 수 있어요. 제가 충분히 용
돈도 만들어 드릴 테니까 한번 해보세요."

그래서 자의 반 타의 반으로 주례를 서게 되었다. 주례사의 주제는
우리 농장에서 일어나는 현상으로 하였다.

이때의 주례사 내용이다.

감나무밭 주변에는 심지도 않았는데, 고욤나무들이 많이 자라고 있었다. 이 고욤나무는 열매 크기가 조그마하고, 씨가 많기 때문에 과일로 먹을 수가 없다. 고욤나무가 왜 생겨났는지 알아보았더니, 감나무 씨를 심으면 감나무가 되는 것이 아니라 고욤나무가 된다는 것이다. 감나무를 만들기 위해서는 고욤나무를 대목으로 하고 거기에다가 품질 좋은 감나무 가지를 접붙여야 한다고 한다. 이런 까닭에 접붙인 부위의 밑뿌리 부분은 고욤나무 DNA를, 위의 줄기 부위는 감나무 DNA를 가지게 된다.

이것이 감나무에 탐스런 감이 달리는 이치이다. 사람은 결혼을 함으로 서로 다른 두 개체가 합쳐 한 가정을 이루고 자식을 낳는다. 일심동체가 된 부부라도 결혼 전에 각자의 습성과 성격이 그대로 잠재되어 있다. 부부는 서로의 인품을 인정하고 그대로 받아들이는 것이 원만한 가정생활의 비결이다. 서로의 사랑과 관심이 소홀해지면 고욤나무 순이 올라와 부부의 갈등 요인이 된다. 고욤나무 순이 나오면 제때 제때 잘라주어야 한다. 부부 생활도 자주 서로의 삶을 돌아보며 각자의 순이 나오기 전에, 관심과 사랑을 쏟아야 화목한 가정을 이룰 수 있는 것이다.

그리고는 올가을에 수확할 감 한 박스를 그 부부에게 선물하겠다고 했다. 결혼식에서 피아노 반주를 맡았던 큰 며느리는 환한 미소를 지었다.

"아버님 제가 여러 군데 다니면서 결혼식에 참석해 봤는데, 오늘 아버님 주례사는 진짜 최고였어요. 저한테 진짜 감동이었거든요. 그리고 더 웃기는 게 있어요. 며느리는 피아노 연주를 하고 시아버지는 주례사를 맡은 걸 보니 우리가 오늘 결혼식의 주인공 같아요."

그러면서 며느리는 흰 봉투를 내밀었다.

"아버님, 여기 오늘 주례하신 사례금이 있어요."

"그래? 그럼 이거는 주례 소개비다."

사례금의 반을 며느리에게 떼 주며 우리는 서로 박장대소했다.

그 후, 며느리는 친구들 모임에서 시아버지 멋있고, 너 멋진데 시집 잘 갔다고 해서 기분이 우쭐했다고 한다.

다른 것보다도 주례사 하나가 며느리에게 큰 행복과 자부심을 줬다는 것에 대해 행복했다. 또한, 여러 사람 앞에서 이야기하는 것이 삶의 자신감을 가지는 데 큰 도움이 된다는 것도 실감하게 되었다.

• 강연은 사례로 시작하라 •

대중연설이나 강연회를 할 때, 이야기(사례)로 시작하라. 할머니로부터 옛날이야기를 듣거나, 동화책을 읽을 때 모든 사람은 재미에 빠져 아무런 심리적인 저항 없이 그 이야기를 듣는다. 이런 원리를 이용하여 이야기에서 내가 전하고자 하는 핵심을 추출하여 말미에 제시하면 일반적인 연설보다 훨씬 더 설득력을 가질 수 있다.

갈등을 해소하는 방법

_경청하고 공감하라

●

이견이 있더라도 일단 상대방의 말을 경청하며 명분에 공감하라.
그리하면 원칙 있는 설득의 길이 보인다.

SK는 노사문화가 안정되어있는 것이 자랑이었다. 회사에서도 오너가 조합원을 가족같이 생각하고, 경쟁회사보다 하나라도 더 잘해주자는 모토였기에 노사 간에 큰 분쟁이 없었다. 이야기 안 해도 회사가 잘해준다는 조직문화를 가지고 있었다.

그런데, 몇 년 전 회사의 경영이 어려워진 때가 있었다. 사회적으로도 돈보다는 노동자의 권익, 관리자와 노동자를 동등하게 대우해 달라는 요구가 있었다. 민주노총에서 주장하는 삶의 질 향상, 사회적 이슈가 회사에 퍼지면서, 회사에도 새로운 노조 집행부가 들어서면서 분위기가 바뀌었다. 그동안 주는 것에 만족하다가 실제 사람다운 근무의 질, 관리자에 대한 동등한 권리와 지위 등을 새로운 집행부에서 요구했다. 또한, 새로운 노조 집행부는 조합원의 의식 변화의 필요성을 집중적으로 교육, 홍보한 결과 조합원의 적극적인 동조를 얻어냈다.

새로운 집행부는 기존 집행부와 다르게 도전적이었으며, 회사에서 받아들일 수 없는 요구를 하면서 대립하게 되었다. 그동안 한 번도 겪어보지 못한 선전전 등 대외투쟁을 시작했다. 아침마다 정문에서 매일 집회를 했기에 회사 분위기가 엉망이 되었다.

그 와중에 산재가 일어났고, 그것을 계기로 작업환경의 안전에 대해 더욱 강력하게 요구했다. 그것은 노동 활동에 동력으로 작용했다. 그때부터 안전 환경에 대해서 요구하는 것이 더욱 많아졌고, 급기야는 회사를 고소 고발하기에 이르렀다. 고소 고발을 하니 노동조합의 존재는 사내에 다른 행정 지도기관이 있는 것과 같았다. 그렇기에 회사에서는 노동조합의 임원들을 관청의 직원처럼 대우해줄 수밖에 없었다.

안전환경부서에서 근무했기에, 노동조합의 산업안전위원회와 나는 사사건건 부딪치게 되었다. 노동조합에서는 조합원이 실수하더라도 사고 나지 않을 정도의 과도한 안전에 대한 시설 투자를 하라고 요구했다. 그리고 조합원 교육, 안전 기준 강화, 작업장 내에서 냄새가 전혀 나지 않도록 작업 환경개선을 요구했다. 현실적으로 노동조합의 요구 조건을 따라갈 수 없었다. 노동조합의 명예 산업 감시원, 산업안전위원들이 안전용품도 자신들이 원하는 제품과 업체를 선정해달라고 요구했다. 회사는 기존에 공개입찰을 통해서 용품 구입을 했기에 수의계약을 해야 하는 그들의 요구는 들어줄 수 없었다.

　어느 날 그들이 나를 찾아와 안전모를 책상에 내려쳤다. 옛날에는 상상도 할 수 없던 일이 일어난 것이다. 그러면서 "안전업체와 회사가 짜고 하는 것 아니냐?"라고 소리를 질렀다. 그 소리를 듣고 진짜 화가 났다. 하지만 여기서 맞대응하여 화를 낼 수는 없었다. 그래서 종교적인 문제로 참는다고 에둘러 말했다. 그랬더니 그것을 노동조합의 대자보 만평에 '산업안전환경팀장 종교의 힘으로 버티다.'라고 실었다. 그런 갈등이 지속되자 회사에서도 나를 격려하며 잘해보라는 말을 했다. 노동조합에게는 말로는 못 당하겠다 싶었다.

　그때 생각난 것이 카네기였다. 카네기 교육 과정을 2002년도에 사비를 투자하여 들었다. 그중에서 제일 기억에 남는 것이 스피치와 인간관계 개선이었다. 산업안전위원을 비롯한 노동조합원을 상대로 실천을 했고 성과를 체험했다. 갈등 관계에서 이기려고 시작을 했지만 카네기의 인간관계 개선에서 배운 바를 실천하니 어느덧 그 사람들과 친하게 된 것이다. 회의 때는 목청을 높여 다투다가도 끝이 나고 밖으로 나오면 서로 웃기도 했다. 그들과 낚시도 다니다 보니 사담도 주고받는 단계까지 되었다. 심지어 회사 총괄본부장에게서 "너 이상하다. 사측인지, 노측인지 구분이 안 간다."

라는 농담 반 진담 반 이야기를 듣기도 했다. 그만큼 사이가 좋아지게 된 것이다. 그래서 필자도 노동조합과 거리를 두려고 표면상으로 노력하게 되었다.

노동조합에 가야 할 일이 있으면, 다른 직원은 갈 수가 없었지만 나는 들어갈 수 있었다. 하지만, 한번은 쟁의부장이 여러 사람 앞에서 나에게 "시발"하면서 욕을 했고 시비가 붙었다. 화가 났지만 참았다. 그날 퇴근 후 잠을 자려 했지만 잠을 이룰 수 없었다. 다음 날 아침, 회사로 출근 후 분한 마음에 노동조합 사무실로 가서 욕을 한 그 사람을 불렀다. 하지만 그 사람은 나오지 않았다. 여러 사람 앞에서 모욕을 당했으니 1인 시위라도 하려고 한 것이다. 그런 나를 회사에서 말렸다.

그런 일이 있은 지 한 달 후에 노동조합에 가니, 노조 위원장이 노동조합에 마음대로 다녀도 좋다면서 명예노동조합원으로 선정하겠다는 농담조의 말을 했다.

처음에는 이기려고 했는데, 친해지니 이길 필요가 없었다. 나중에 노동조합의 세력이 강화되면서 더욱 과격하게 시위를 하게 되었다. 회사가 물증을 잡는다고 비디오 촬영을 했다. 그러던 중 회사와 노조 사이에 물리적 충돌이 일어났다. 카메라가 부서졌고 이에 대해 회사는 노조를 고발했다. 노동조합에서 잘못했다고 사과했지만, 회사에서는 그 일에 관여한 사람을 징계하겠다고 했다. 이 일을 계기로 노동조합의 세력이 약화되었다. 노동조합이 약해지고 상대적으로 회사가 강해졌다. 그곳에 참석한 사람 중에 노조 산업안전부장도 있었다. 그 사람은 징계를 받으면 해고였다. 그가 나에게 전화를 해서 한번 봐달라는 부탁의 말을 했고, 그 말을 들은 나는 경영층에 "그 사람은 그동안 나를 많이 도와주었는데 분위기에 휩쓸려서 그런 것이니 징계를 받지 않게 해달라."고 요청했다. 그랬더니 회사에서는 징계를 주지 않는 조건으로 징계위원회에 참석 시, 투쟁 조끼와 머리띠를 벗고 와서 사과하라고 했고, 그는 그것을 행동으로 옮겨 징계를 면하게 되었다. 그 이후로 서로 얼굴을 잘 보지 않았으며, 멀리서 눈으로만 고맙다는 말을 주고받았다. 평소 좋은 인간관계를 유지했다면 상처가 나도 잘 아물 수 있다는 것을 느낄 수 있었다.

• 명분에 공감하라 •

상대방의 말과 행동에 이견이 있다고 할지라도, 일단 칭찬과 감사의 말로 시작하라. 노동조합과 분쟁이 발생했을 때, 일단 상대방의 의견을 존중해주었다. 그 사람들이 내세우는 부분이 과도한 부분이 있었지만, 일단 그들의 말을 경청하며 명분에 공감해주었다. 그들이 하는 이야기는 과한 부분이 있었지만, 원칙적으로는 회사와 직원을 위해서 하는 이야기이기도 했다.

처음엔 노동조합은 회사 말을 아예 들으려고도 하지 않았지만, 일단 공감해주고 감사의 말로 대응을 하자, 후에는 진지하게 회사의 말을 들어주었다. 대화가 되니 서로 이견을 좁혀나갈 수 있었고, 결국에는 합의점을 찾을 수 있게 되었다.

효과적인 커뮤니케이션

_공포감이 패배를 부른다

●

모르는 것을 아는 것처럼 이야기하지 말라. 말하고자 하는 주제에
인간미를 불어넣어야 듣는 이가 공감한다.

데일 카네기를 통해 어떤 직업을 갖든지 많은 사람 앞에서 자신
의 의사를 발표 할 수 있는 능력이 무엇보다 가치 있다는 것을 알
게 되었다.

발표는 자신의 소심함이나 어딘지 모르게 자신 없어 하는 버릇
을 없애줄 뿐만 아니라 남들과 주저 없이 대화할 수 있는 용기를
갖게 한다.

그리고 상대방과의 교제나 교섭에서, 자발적으로 자신의 의견을
기탄없이 말할 수 있게 하여 주도권을 갖게 한다.

하지만, 인간이 가장 두려워하는 것 중 하나가 대중 앞에서 연설
하는 것이라고 한다.

연설은 대다수 사람이 두려워하는 일이다. 많은 사람 앞에서 말한다는 그 자체가 위축되게 할 뿐만 아니라 효과적으로 주제를 전달해야 한다는 중압감이 우리의 입을 더 무겁게 만드는 것이다. 다른 사람이 다 아는 이야기를 하는 것은 아닐까? 혹은 내 말이 다른 사람에게 웃음거리나 되지 않을까? 하는 것이 더욱 부담을 가지게 해 대중 앞에 연설을 망설이게 하는 것이다.

연설이 끝나고 난 뒤에는 좀 더 잘할 수 있었는데, 하고 아쉬워해 본 경험은 연설한 경험이 있는 사람이라면 누구나 한두 번 정도 있었을 것이다.

연설에만 국한되는 것이 아니라 대화 중에도 상대방에게 자신의 의도가 제대로 전달되지 않아 답답할 때도 종종 있었을 것이다. 커뮤니케이션이란 것은 일상적으로 부닥치는 일인데도 실상은 결코 쉽지 않아 때론 우리를 곤혹스럽게 만든다. 현대 사회는 커뮤니케이션 시대라고 해도 무방할 정도로 더욱 효과적인 의사 전달 능력이 요구된다.

커뮤니케이션을 잘한다는 것은, 다른 사람에게 나의 의사를 가장 효과적으로 전달하고 협조를 얻어냄으로써 많은 협력자를 만들어 낸다는 것을 의미한다. 특히 리더로서의 의지와 생각을 조직원에게 잘 전달하여 확실한 협력자로 만드는 능력이야말로 리더에게 꼭 필요한 자질이다.

• 대중 공포증을 극복하는 TIP •

연설을 잘하기 위해서는 먼저 대중 공포증을 극복해야 한다. 에머슨은 이렇게 말했다.

"공포감이라는 것은 이 세상의 어떠한 것보다도 수많은 사람을 패배로 몰아넣는다."

청중 앞에서 이야기하는 것을 배운다는 것은 자아의식을 극복하고 용기와 자신감을 구축하는 합리적인 수단이다. 대중 앞에서 이야기한다는 것은 우리를 공포와 맞서게 하기 때문이다. 대중 공포증을 극복하는 몇 가지 팁을 소개해본다.

첫째, 공포증에 대한 실체를 확인해야 한다
대중 공포증은 나만이 느끼는 것이 아니며, 정확한 실체가 없다. 어느 정도의 대중공포증은 오히려 유익하다. 적당한 긴장은 실수하지 않게 해주어 자신이 말하고자 하는 바를 정확하게 전달할 수 있게 하기 때문이다. 하지만 너무 공포증이 심하면 떨 수도 있어 실수하게도 만든다. 그렇기에 마인드 컨트롤이 필요하다. 잘 할 수 있다는 자기암시를 지속적으로 하는 것이 효과적인 마인드 컨트롤 방법이다.

연설이나 강연의 전문가도 무대 공포증이 전혀 없을 수는 없다고 고백한다. 다른 사람 앞에서 말하는 것에 대한 두려움은 누구에게나 정도의 차이일 뿐 피해갈 수 없는 것이다. 하지만 전문가는 그런 내색 없이 대중 앞에서 능숙하게 말한다. 잘 할 수 있다는 자기암시에 능숙한 덕분이다. 누구나 가지는 공포라면, 그것은 일반화된 당연한 것에 해당한다. 그렇기에 적당한 대중공포증은 대중 앞에서 더 말을 잘 할 수 있게 하는 유익한 것이라고 생각하자. 그리고 연설하는 것이 두려워지는 것은 단순히 타인 앞에서 이야기하는 것이 익숙하지 않기 때문이라고 생각하자. 익숙하지 않는 것은 실수에 대한 두려움을 갖게 한다. 어쩌면 두려움의 실체는 익숙하지 않은 것이라고 이야기할 수도 있는 것이다.

둘째, 올바르게 준비해야 한다

다니엘 웹스터는 완전한 준비 없이 청중 앞에 선다는 것은 반나체를 여러 사람 앞에 내보이는 것과 같다고 했다. 청중 앞에서 이야기하는 것은 연습을 통해 잘하게 된다. 그런 연습의 방법은 내용을 암기하는 것이 아닌, 아이디어를 미리 종합하고 정리하는 작업을 하는 것이다. 그리고 친구를 상대로 사전에 연습을 해

보는 등, 사전에 충분한 연습을 하면 잘하게 된다. 연습을 통해
익숙한 것으로 만들면 되는 것이다

셋째, 대중연설의 성공을 확신해야 한다
주제에 몰입하며, 실수할 수 있다는 부정적인 상상을 하지 않아
야 한다. 그리고 자신에게 스스로 격려하는 말을 한다.

넷째, 자신 있게 행동해야 한다
자신감이 생기면 대중 앞에서도 여유를 갖게 되어 성공적인 연
설이나 강연 등을 할 수 있게 된다.

이야기할 자격을 갖추기
모르는 것을 아는 것처럼 이야기한다는 것은 말할 자격이 없는
것과 같다. 그렇기에 경험과 연구한 것으로 주제를 한정해야 한
다. 말을 풀어갈 때도 보기와 예제로 가득 채워야 한다. 주제를
잘 풀어나가며 말을 잘하기 위해서는 내용에 인간미를 불어넣어
야 한다. 그리고 사물에도 이름을 사용하여 인간화하여 말하는
것이 좋다. 구체적인 세부 묘사로 이야기를 채워야 하며, 대화체
를 사용해 이야기를 생생하게 만들어야 한다. 손짓, 몸짓, 표정으
로 이야기를 시각화하며, 그림을 떠올리게 하는 등, 구체적이고
친숙한 단어를 사용하면 훨씬 좋은 강연을 할 수 있다.

이야기에 생기를 불어넣기

이야기에 생기를 불어넣기 위해서는, 진지하게 생각하는 것을 주제로 선택하고, 감정을 재생시켜야 하며, 진지하게 행동해야 한다.

청중과 대화하며, 연설하기

무대에 서서 일방적으로 강연만 하기보다는 청중과 이야기하며 진행하는 것이 좋다. 그렇기 위해서는 청중의 흥밋거리에 대하여 이야기해야 하며, 정직하고 진지하게 감사 표시를 하고, 청중과 동일성을 가져야 하며, 자신을 낮추어 청중을 이야기 속의 파트너로 삼아야 한다.

• 카네기의 연설에 대한 4가지 •

1 청중을 행동하게 만드는 연설

첫째, 직접 경험한 사건을 실례로 들라고 했는데, 한 번의 경험에서 예화를 구성하고, 사례를 자세하게 묘사하며, 실례에 적절한 세부 묘사를 넣고, 경험을 이야기하면서 그것을 다시 체험하도록 한다.

둘째, 청중에게 바라는 것이 무엇인지 요점을 말한다. 요점은 짧고 구체적으로 말하고, 청중이 행동하기 쉽게 요점을 제시하며, 요점은 확신을 가지고 힘차게 말해야 한다.

셋째, 청중에게 기대되는 이익 또는 이유를 말한다. 이익은 실례에 적합한 것으로 하고, 한 가지 이유만을 강조해야 한다.

2 정보를 제공하는 연설

정보를 제공하는 연설을 효과적으로 하기 위해서 카네기는 다음과 같은 방법을 제시하고 있다.

첫째, 시간에 맞게 주제를 한정해야 하며,

둘째, 시간을 순서 있게 정리해야 하고,

셋째, 요점에 번호를 붙여 열거하고,

넷째, 잘 알려진 사실을 그림으로 묘사하며,

다섯째, 청중이 이해하기 어려운 전문 용어는 피해야 하며, 여섯째 예시를 사용해야 한다.

3 마음을 사로잡는 연설

연설이 효과적으로 되기 위해서는 청중의 마음을 사로잡아야 한다. 그렇기 위해서는 먼저 강연자가 인격을 갖추고 자신감을 가져야 한다. 또한, 긍정적인 답을 얻어내어야 하며, 열정적으로 연설해야 한다. 그리고 청중에게 애정을 나타내며, 우호적인 말로 이야기를 시작해야 한다.

4 즉석연설

준비된 연설을 할 때도 있지만 때에 따라 즉석연설을 할 때도 있다. 그때를 대비하여 즉석연설을 늘 연습해 두어야 한다. 즉석연설을 하기 전 마음의 준비를 해야 하며, 현장에서 실례를 찾아 이야기하는 것이 효과적이다. 또한, 생생하고 힘차게 말해야 하며 현장감을 살리는 원리를 이용하면 효과적이다.

간접적으로 지적하고,
직접적으로 칭찬하라

●

싸우지 말라. 싸우면 원래의 목적은 없어지고 이기는 것이 목적이 되어
원했던 바를 이룰 수 없게 된다.

농장 가운데 저수지가 하나 있다. 몇 년 전, 가뭄이 들어 물이 빠진 적이 있었다. 물이 점점 빠지자 잉어 7마리가 등이 보이는 상태로 유영했다. 잉어가 불쌍해 보여 어떻게 해서라도 살리고 싶었다. 잉어를 살리기 위해 수문을 닫으려 했지만 닫히지 않았다. 그런 중에 동네 사람 3명이 와서 훌치기 낚시를 하는 것을 보고는 잡힐 것 같아 "잡히면 괜찮지만 잡히지 않고 상처를 입으면 안 되지 않느냐."라며 말렸지만, 그 사람들은 내 말에도 아랑곳하지 않고 계속 낚시를 했다. 집에 돌아와서 아내에게 그 이야기를 했다. 그 사람 중 한 명은 주변 마을에서 혼자 살고 있는 포수였다. 아내는 그 포수는 야생 동물 잡기를 좋아하는 것으로 보아 생명을 경시하는 사

람인 것 같다고 말하며, 우리에게 해를 입힐지도 모른다고 함부로 하지 말라고 했다.

다음 날 그는 한 사람을 더 데리고 왔고, 네 명이 연못을 가로질러 그물을 쳤다. 종일 잉어를 몰았는데, 그것을 보며 내 마음에는 잉어가 도망가기를 바랐다. 그는 잉어를 잡지 못했다. 그 사람들은 화가 났는지 그물을 쳐 놓고 그냥 가버렸다. 옆에 있던 원두막 아저씨가 그물을 걷어버렸다. 그러자 다음 날 투망을 들고 와서 고기를 잡았다.

"투망으로 고기를 잡는 것은 불법이 아닙니까?"

"물이 빠지니 괜찮아요."

그들은 내 눈치를 살피면서 투망을 던졌다. 그렇지만 잉어가 잡히지 않았다. 고기가 잡히지 않으니 포크레인을 가지고 온다고 했다. 그 사람은 사냥물을 보면 끝까지 따라가는 사냥꾼의 기질이 있었다. 그렇지만 잉어는 잡지 못했다. 그런 중에 수문을 잠그는 방법을 알게 되었고, 수문을 잠그자 물이 차올라 잉어는 무사했다.

그 후 3년 정도의 시간이 지난 어느 날, 연못 부근에서 총소리가 났다. 나와 보니 연못 쪽에 차가 세워져 있고, 연못에서 청둥오리가 날아가는 것이 보였다. 연못에는 청둥오리 두 마리가 피를 흘리며 떠 있고, 한 마리는 상처를 입은 채 주위를 돌고 있었다. 차를 보니 그 포수의 사냥 차였다. 지나가다 청둥오리가 있는 것을 보고 총을 쏜 것이다. 그 사람에게 다가가 피도 나고 죽어가는 청둥오리를 보니 마음이 안 좋다고 말했다. 그러자 잡은 청둥오리를 건지기 위해 낚싯대를 가지러 간다고 말하며, 건져내면 나에게도 한 마리를 준다고 했다. 그 사람이 가고 난 후 청둥오리가 잘 보이는 곳에 가서 보니 두 마리는 이미 죽어 있었다. 그 사람이 다시 돌아와 두 마리를 건졌다. 그리고는 상처를 입은 한 마리까지 잡기 위해 낚싯줄을 던졌다. 그 모습을 보며 화가 났지만, 마음을 가다듬고 정색하며 그 사람에게 완곡하게 경고성 말을 했다.

"청둥오리는 천연기념물이라 잡는 것은 불법입니다. 다른 사람들이 구청에 신고할지도 모르니까 빨리 나가세요."

그러자 그 사람은 자리를 떠났다. 그 사람에게 화를 내며, 직접적으로 잘못을 지적할 수도 있었다. 하지만 그렇게 되면 싸움밖에 되지 않는다는 생각이 들었다. 그렇기에 간접적으로 완곡하게 말을 한 것이다. 상처를 입은 채 주위를 돌고 있던 청둥오리는 날아갔다.

• 잘못을 간접적으로 알게 하라 •

사람이 잘못한 것을 바로 지적하면 자신이 공격을 당할 수 있지만, 질문을 던져 간접적으로 대응을 하면 그 사람이 잘못을 스스로 느끼게 된다. 싸움을 하게 되면 원래의 목적은 없어지고 싸워 이기는 것이 목적이 되어버린다. 그러면 원래 내가 원했던 바를 이룰 수 없게 되는 것이다. 간접적으로 이야기하면 적이 생기지 않는다.

성공하는 대화기술
_칭찬과 감사의 말로 시작하라

●

대화를 부정적인 이야기로 시작하지 말라.
상대방은 방어기제가 발동되어 공격 태세를 취하게 된다.

고등학교 때, 중 상위권 성적을 유지했다. 담임선생님과 입시 상
담을 할 때 ○○대 약대를 가려 했지만, 점수에 맞추어 수학과로 가
기로 했다. 그리고 자신 있게 응시했다.

대학 본고사 시험의 두 번째 시간에 수학 시험을 치렀다. 첫 시
간에 국어는 그런대로 잘 보았다. 수학 시험을 볼 때 시험지를 받
은 잠시 후 대각선으로 앞에 앉아있는 여학생이 계속 한숨을 쉬는
것을 보았다. 그것이 신경이 쓰여 수학 문제를 잘 풀지 못했다. 정
신을 가다듬으려 했지만, 자꾸 신경이 쓰였다. 시험이 끝난 후 주
변 사람도 그렇고 나도 그렇고 모두 합격했으리라 예상했지만, 결
과는 불합격이었다.

그 후 재수를 해서 대학에 진학했다.

지금도 그때의 여학생이 한숨을 쉬는 것이 생각나면, 왜 그때 내 마음을 컨트롤하지 못해서 떨어졌는지 답답해진다. 지금 결혼해서 잘살고 있는데, 아내가 한숨을 쉬거나 "아이고"하는 부정적인 말을 하면 그때처럼 가슴이 막힌다.

부정적인 말을 하면 예민하게 반응한다. 아내가 부정적인 말을 할 때는, 대학 입시 때의 사례를 이야기하며, "그런 말은 시간이 지나고 난 뒤에 했으면 좋겠다."라고 말하곤 했다.

그 후에도 아내의 입에서 "아이고"라는 말이 튀어나오면 대화가 제대로 되지 않았고 부부싸움의 원인이 되기도 했다. 본의와는 상관없이 감정이 서로 대립하기도 했다. 그때마다 상당히 안타까운 생각이 들었다.

사람과 대화를 할 때도 첫 번째 말이 부정적이면, '저거는 아니지' 하는 생각이 들었다.

대부분 사람이 부정적인 말로 대화를 시작하면, 합의점을 도출하는 것을 보기 힘들다.

• 부정적인 첫마디는 공격을 불러온다 •

카네기는 상대방의 첫 모습이 마음에 들지 않거나, 좋지 않은 감
정을 가지고 있거나 행동이 마음에 들지 않아도, 첫마디는 칭찬
이나 감사의 말로 시작하라고 한다. 처음에 부정적인 이야기로
시작해버리면, 상대방은 방어기제가 발동되어 공격하려는 태세
를 취한다. 그렇기에 대화가 제대로 되지 않는다. 이럴 때, 간단
한 칭찬과 감사로 시작하면, 그것은 사람의 심리를 부드럽게 해
주고, 나의 마음을 받아들일 수 있는 유연한 자세로 바꾸어주는
마약과 같은 효과가 있다. 아무리 잘못했다고 하더라도 상대방
은 잘못했다고 생각하지 않고 정당하다고 생각한다. 잘못되었다
는 것은 나의 기준일 뿐이다. 상대방이 나의 말을 수용하게 하기
위해서는 칭찬과 감사의 말을 하는 것이 대화 성공의 첫 번째 요
소이다.

특히 아이들에게 부모가 잔소리를 한다. 잔소리의 대부분은 옳
은 말이지만 듣기는 싫은 말이다. 아이들이나 남편, 아내에게 어
떤 이야기를 할 때는 조그만 칭찬이라도 준비하여 진심으로 이
야기를 해주면서 다음 이야기를 해나갈 때, 잔소리가 되지 않고
자신의 의도를 제대로 전할 수 있게 된다.

Lesson 4

스트레스 관리

고장 난 냉장창고 속에서
얼어 죽은 사람
_걱정은 만병의 근원이다

●

걱정이 지나치면 앞으로 나아가려 하는 발목을 잡고,
자신을 죽이는 결과를 가져온다.

시베리아 화물 회사에 삿포로라는 한 남자가 있었다. 어느 날 그
는 냉동차 짐칸에 들어가 물건을 꺼내고 있었는데, 마지막 물건을
들고 막 나오려는 순간 갑자기 밖에서 문이 철커덕 잠기고 말았다.
그는 재빨리 달려가 문을 두드렸다. 그러나 성질 급한 운전기사가
지체 없이 운전석에 올라 차를 출발시키는 바람에 탈출할 기회를
놓치고 말았다. 순간 그는 눈앞이 캄캄했다. 소리를 지르고 문을
쾅쾅 발로 차 보았지만 차가 어찌나 큰지 아무 소용이 없었다. 냉
동차는 고속도로를 달리고 있었기에 싱싱 바람 소리만 들렸다.
'아! 이제 나는 죽었구나.'라는 생각을 하며 절망한 채 그 자리에 주
저앉고 말았다.

시간이 지나자 그의 몸은 점점 차가워지기 시작했고, 덜덜덜 소리를 내며 떨기 시작했다. 나중에는 손발이 얼어붙는가 싶더니 곧 팔도 움직일 수 없게 되었다. '하필이면 냉동차 속에 갇히다니 아, 너무 춥다.'

그는 사랑하는 가족을 떠올리며 정신을 차리려고 애를 썼다. 하지만 시간이 지날수록 정신은 희미해지고 몸도 더 굳어져 가는 것 같았다. 다시 한번 일어나 고함을 지르고 문을 두드리고 싶었지만 이미 몸이 얼어붙어 있어 불가능했다.

그 사실을 알 리가 없는 무심한 운전기사는 몇 시간 후에야 다음 정거장에 멈췄다.

사람들이 냉동차에 물건을 실으려고 문 쪽으로 다가섰다. 드디어 냉동차 문이 덜컥하고 열렸고 사람들이 하나둘 문 앞으로 몰려들었다. 고장 난 냉동차 안에서 시체를 본 사람들은 모두 벌린 입을 다물지 못했다.

사실 그 자동차의 냉동기는 오래전부터 고장이 나 있었다. 그러니 냉동차 안에 있는 공기는 충분했으며 온도도 적절했다. 다만 고속도로를 달리는 중에 벌어진 틈새로 찬바람이 들어왔을 뿐이다. 그런데 그 안에서 사람이 죽은 것이다.

미국의 심리학자 어니 젤린스키는 걱정에 대해 이렇게 말하고 있다.

"걱정의 40%는 절대 현실에서 일어나지 않는다. 걱정의 30%는 이미 일어난 일에 대한 것이며, 걱정의 22%는 사소한 일이다. 또한, 걱정의 4%는 우리 힘으로는 어쩔 도리가 없는 일이며, 단지 걱정의 4%만이 우리가 바꿔 놓을 수 있는 일이다."

그렇기에 걱정하는 대부분은 인간의 힘으로 할 수 없는 것이기에 걱정하지 말고 그냥 받아들이면 된다. 오히려 걱정은 되는 일도 안 되게 만든다.

걱정은 인간의 인격을 파괴하는 가장 무서운 적이며 현대에 사는 사람에게 가장 심각한 전염병이다.

데일 카네기는 이렇게 말했다.

"최악의 사태를 받아들인다면 더 이상 잃을 것이 아무것도 없다."

최악의 상태를 받아들인다면, 더 이상 잃을 것이 없고 받을 것만 남아있는 것이 된다는 의미이다. 살다 보면 때로는 여러 가지 원칙을 다 적용해도 근심 걱정이 사라지지 않는 경우도 있다. 이럴 때 마지막으로 하는 것이 기도이다. 성경에 따르면 사람의 마음을 만드신 분은 하나님이다. 우리가 자동차가 고장이 나면 AS센터로 가듯이 사람의 마음에 고장이 났을 때는 사람의 마음을 만든 하나님에게 가서 치료를 받아야 한다.

이 기도가 바로 마음의 고장을 고치는 방법이다. 마태복음에서 하나님은 우리가 무엇이 필요한지 이미 다 알고 있다고 말한다. 걱정만 하지 말고 기도를 하라는 말이다. 먼저 하늘에 구하고 찾으면 우리가 필요한 것을 그분이 다 해주신다고 한다. 우리 능력 내에서 어떤 것을 추구하는 것은 한계가 있다. 내가 많은 고민과 노력을 해서 최선을 다했다 하더라도, 반드시 최선의 결과로 이어지는 것은 아니다. 자신의 노력은 언제나 주변의 환경과 여러 가지 요인에 영향을 받기 때문이다.

결과에 너무 연연하지 말고 하늘에 맡기자. 또한, 이런 말이 있다. 한 날의 걱정은 그날로 족하다. 더 이상 걱정을 지속하지 말라는 말이다.

• 한 날의 걱정은 그날로 족하다 •

걱정은 만병의 근원이다. 또한, 앞으로 나아가려 하는 우리의 발목을 잡는 것이다. 마지막 4%만이 우리가 걱정을 함으로써 해결할 수 있는 것이라고 했다. 그렇기에 이 4% 때문에 그렇게 많은 고민과 걱정을 할 필요는 없는 것이다.

고장 난 냉동 창고는 과학적으로 본다면, 상온이나 그 이상의 온도를 유지한다. 그렇기에 그 속에 있는 사람이 얼어서 죽었다는 것은 과학적이지 않다. 그 사람을 죽인 것은 현실이 아니라, 그 사람의 걱정이었다. 그 사람이 긍정적인 마인드를 가지고 희망을 잃지 않았다면 얼어 죽지 않았을 것이다.

지나친 걱정은 이렇게 자신을 죽이는 결과를 가져온다.

감정 조절법
_스트레스의 근육을 키우자

•

행동과 감정은 병행한다. 직접 통제할 수 있는 행동을 조절함으로써
직접 통제할 수 없는 감정을 간접적으로 조절한다.

2019년 8월 15일, 일흔네 번째 맞이하는 광복절을 병원 입원실에서 보냈다. 병실 침대에 누워 온종일 TV를 시청하는 신세였다. 우리나라 대법원의 일제강제징용 보상 판결로 일본의 한국에 대한 경제 전쟁 선포와 이에 따른 한국의 응전으로 한일관계는 더욱 악화되었다. 지난 역사에 불가피하게 이루어진 것들을 한국과 일본 국민은 서로 받아들이기가 그렇게 어려운가 보다. 이렇게 평행선을 달리다 보면 양국이 국제사회에서 경제, 외교적으로 피해가 클 텐데 걱정이 되었다.

다시 TV 채널을 돌렸다. 그곳에서는 일제 36년 동안 항일투쟁을 하는 많은 독립투사가 일본 경찰에 끌려가 갖은 고초를 당하는 장

면이 나왔다. 보기만 해도 치가 떨리고 소름 끼치는 고문에도 끝까지 견디어 내는 장면을 보면서 나는 과연 저렇게 할 수 있을까 하는 생각이 들었다. 아마 나라면 그렇게 못했을 것 같다.

또 다른 프로그램을 보았다. 그 프로그램에 나온 출연자 모두가 80년 전으로 다시 돌아가면 자기들은 독립투사를 하겠다고 했다. 내 마음속에서는 그것이 잘 받아들여지질 않았다. 내가 육체적인 고통을 견딜 수 있는 힘이 연약해서인지, 영화 속의 순교자들을 보면 육체적인 고통이 얼마나 심했을까 하고 생각하게 된다. 그 장면만 떠올려도 마음속으로 자지러지는 나를 본다.

한번은 신부님한테 여쭤봤다. 순교자들은 무엇을 보았기에 그렇게 육체적인 극한 고통을 겪으면서도 자기의 뜻을 굽히지 않았는지에 대해. 나는 손가락 하나만 자른다해도 바로 배교했을 것이라고 이야기했다. 신부님은 믿음이라고 이야기했지만, 지금도 순교자, 독립투사의 불굴의 정신이 어디서 생겼는지는 풀리지 않는 의문으로 남아있다.

그날은 병원에서 일주일에 두 번씩 환자의 머리를 감겨주는 날이었다. 샤워장 앞에 휠체어를 타고 목발을 짚고 어깨 보조기를 찬 환자들이 줄을 섰다. 내 차례가 되어 들어갔더니, 머리를 감겨주는 간호조무사가 나에게 미소를 지으며 환하게 웃었다.

"아, 아주 특별하신 분 오셨네요."

"왜요?"

"스스로 고통을 느껴 보겠다고 무통 치료를 거부한 사람은 사장님밖에 안 계세요."

"아! 그래요? 저는 그냥 그 고통을 한번 느껴 보고 싶었어요. 인터넷이나 주변에서 하도 아프다고 하기에 얼마나 아픈지 한번 경험해 보고 싶었거든요. 저 참 이상하죠?"

"네, 좀 이상해요. 얼른 앉으세요. 머리 감겨 드릴게요."

머리를 다 감고 나오는데, 밖에까지 따라 나오면서 미소를 지으며 인사를 해주었다.

"얼른 나으세요."

머리를 감아 홀가분한데 갑자기 '내가 그 고통을 어떻게 이겨냈을까?'라는 생각이 들어 스스로 흐뭇한 기분이 들었다. 나는 전날 오른쪽 어깨 근육 파열로 전신마취를 하고 근육 봉합 수술을 받았다. 보통은 회복 시 무통 주사를 맞지만 나는 맞지 않은 채 고통을 견뎌내고 있었던 것이다.

'이 같은 고통에 도전할 생각은 어디서 났을까?'라는 생각이 떠오르자 3년 전이 생각났다.

나는 3년 전 회사에서 퇴직했다. 정년퇴직을 1년 남겨놓은 상태였는데, 회사에서는 대대적으로 인력 구조 작업에 들어간 것이다. 약 100여 명의 부장들이 명예퇴직을 해야 했다. 갑작스러운 발표에 모두 황당해하고 갈피를 못 잡고 공황 상태에 빠졌다. 단 2주 만에 수십 년 다닌 회사를 퇴직해야 하는 상황에 놓인 것이다. 맑은 하늘에 청천벽력 같았다. 회사가 경영상 어렵지도 않고, 단지 앞으로 어려울 것이라는 예상을 이유만으로 갑자기 개인의 인생과 가장의 삶을 이렇게 만들 수 있는 것인가? 마음속에 울분 같은 것이 치밀어 올랐다.

회사의 부당한 처사에 끝까지 맞서 보겠다고 굳게 다짐하고 의연히 대처해 나가기로 했다. 이런 나의 태도에 회사 관계자는 몹시 당황해했다. 회사에서는 나로 하여금 제일 먼저 서명하게 하고 주변 동료들에게 함께 설득할 계획을 갖고 있었다고 한다. 회사 정책에 잘 따르고 내 주장을 크게 내세우지 않는 성격을 잘 알고 있었기 때문일 게다.

내가 이렇게 강하게 저항하는 데는 나름 3가지 이유가 있었다. 첫 번째는 동료들의 보이지 않는 외압이고 두 번째는 회사의 일방적 퇴사 강요. 세 번째는 입사 이래 처음이자 마지막으로 내 의사를 강력하게 주장하고, 동료의 억울함을 대변하는 것이 나의 소명이라고 생각한 것이다. 더구나 정년도 1년밖에 안 남았기에 손해 볼 것이 없다고 생각했다. 2주 동안 회사 내, 외부 관계 인사들로부터 많은 협박과 회유를 받았지만 그럴수록 더욱 강한 소명 의식이 생겼다.

그때는 명예 퇴직금도 없는 상황이었고, 잃어버릴 것도 크게 없는 입장이라고 생각해서 그 고난의 길을 택할 수 있었다. 여섯 명이 끝까지 남았고, 그 사람들과 함께 끝까지 한번 가보겠다고 다짐했다. 또한, 그 사람들은 나보다도 훨씬 젊었기 때문에 나의 조그만 힘이라도 그 사람들에게는 큰 힘이 될 수 있을 거라고 생각을 했다. 회사에서는 나를 서울 인력구조 회사로 발령을 내었고, 나는 그곳에서 진짜 힘든 교육을 6개월 동안 받게 되었다, 힘든 모텔 생활과 하루에 8시간씩 인터넷 교육, 이틀에 한 번씩 시험도 보았고 시험 점수가 미달되면 경고에서 징계까지 이루어진다는 협박을 받기까지 하였다.

6개월 동안 잘 버텼다. 교육을 받고 회사로 복귀했지만, 또 혼자 독방에서 6개월을 버텼다.

이렇게 1년 동안 거대한 회사의 권력에 나름대로 끝까지 버틸 수 있었던 것은 심리적인 근육이 단단해서 그렇다고 생각한다. 무통 주사를 맞지 않은 것은 육체적 괴로움도 한번 이겨내고 싶어서였다. 심리 근육이 육체 근육과 연결되었다는 것을 확인해보고 싶었던 것이다.

• 행동과 감정은 병행한다 •

행동은 감정의 직접 지배를 받는 것 같지만, 실제로는 행동과 감정은 병행한다. 우리의 의지로 보다 직접 통제할 수 있는 행동을 조절함으로써, 직접 통제할 수 없는 감정을 간접적으로 조절할 수 있다.

윌리엄 제임스

기도하라 1
_간절히 원하면 이루어진다

●

풀리지 않는 고민에 대해서는 계속 기도하라.
상식적으로는 일어날 수 없는 것들이 기적이라는 이름으로 일어나기도 한다.

혼자 있는 시간이 많아 사색을 자연스럽게 많이 하게 되었다. 내가 왜 사는지, 어떻게 살아야 하는지에 대해 중학교 때부터 많이 고민했다. 그러다 그것을 찾는 가장 좋은 것이 인생 계획을 짜는 것이라고 느꼈다.

회사생활은 열심히 하는데, 나와는 맞지 않은 사람들이 있었다. 나를 엄청 미워하는 사람들은 나에게 계속 시비를 걸었다. 그러면서 든 생각은 '나는 다른 사람과 무엇이 차이가 나지?'였다. 무언가 다른 것 같다는 느낌이 들었다. 그럴 때마다 그 사람은 나와는 인연이 아니라는 생각을 하면서 자신을 돌아보게 되었다. 성장 과정에서부터 인간관계가 서툴렀던 것 같았다. 특히 누나 틈에 자라다 보니 여자와 관계하는 것은 남자보다는 상대적으로 쉬었고, 남을 생각하기보다는 이기적인 성향이 강하다는 생각을 했다.

그러다 어릴 때부터 생각한 '나는 누구인가'에 대해 생각하며 본격적으로 인생계획을 짰다. 그때가 40대 중반이었다. 내가 진정으로 추구해야할 것이 무엇이며, 어떤 의미가 있는지 알아보아야겠다고 생각했다. 불교 서적에 심취해, 출가도 생각해 보았다. 절에서 생활도 해보고 템플 스테이도 해보고 스님 강의도 많이 들었다. 생활은 좋은데, 산속으로 들어가 생활한다는 것이 나와는 현실적으로 맞지 않았다.

은퇴 후 농사를 지으면서 나는 누구인가를 많이 생각했다. 그리고 인간이란 누구인가? 하는 어려운 문제에 대해서도 끊임없이 생각하고 있다. 예를 들면, 나무와 같은 경우는 겨울을 지나면서 잎도 떨어지고 죽었다가, 다음 해 새잎이 나며 새로운 삶을 산다. 인간은 한 번 가면 끝나는 인생이란 생각이 들었다.

새들은 봄에 암수가 집을 짓고 서로 짝짓기를 하여 알을 낳고 새끼를 기른다. 새끼들을 키우면서 어미들은 먹이를 새끼에게 준다. 이때 똑똑해야 새끼들을 잘 기를 수 있다. 먹이를 물어오면 새끼들은 서로 달라고 입을 벌린다. 그럴 때 먼저 먹이를 준 새끼와 주지 않은 새끼를 잘 구별할 수 있어야 한다. 그렇지 않고 준 새끼만 계속 준다면, 다른 새끼들은 굶어 죽게 되는 것이다. 새끼들도 소리를 질러야 먹이를 먹을 수 있다. 빌빌거리는 새끼는 밖으로 떨어뜨리는 것을 보면서 형제는 상당히 경쟁 관계에 있다는 것을 느꼈다.

자식이라는 것은 우리 안에 있을 때 자식이지 크면 서로 흩어져서 각자의 삶을 사는 것이 자연의 이치이다. 안전하게 키워주는 것은 부모의 역할이다. 결혼하고 나면 남처럼 되는 것이 자연의 원리다. 부모도 아이를 키우는 것이 임무이고 다 키우고 나면 부모의 임무는 끝이 나는 것이다. 새들은 양육이 끝나면 새끼들을 날아가게 만든다. 그런데 사람은 양육이 끝나고도 함께 살아간다. 그것이 동물과 다른 점이다. 사람이 만든 가족제도는 생태계의 관점에서 보면 맞지 않다. 생태계의 관점에서 현재의 가족관계를 새롭게 바라볼 필요가 있다는 것을 느꼈다.

밭갈이를 하면서 풀이 있으면 밭을 가는 데 힘이 든다. 풀을 깨끗하게 뽑아도 시간이 지나면 또다시 풀이 나게 된다. 어떤 때는 뽑기 전보다 더 많이 나는 경우도 있다. 사람도 생활할 때 머리를 비운다고 절에 갔다 오면 더 복잡하게 되는 경우가 있는데 그것과 비슷하다. 풀을 뽑지 않고 밭을 그냥 비워두면 잡초가 자라 엉망이 된다. 밭을 갈고 나서 바로 곡식을 심으면 풀들이 자랄 땅이 없어진다. 그것에서 생각을 비우고 좋은 생각을 집어넣어야 헛된 생각이 안 들어온다는 자연의 이치를 배운다. 곡식이 자라서 다른 풀이 안 나도록 하는 것이 농부의 임무인 것처럼, 좋은 생각으로 마음을 채우는 것이 사람의 임무다.

214

집에 진돗개를 키웠는데 한번은 동네 개와 교배를 하여 임신을 했다. 나중에 잡종이 나올 것인데, 창피할 것 같다는 생각이 들었다. 개도 그러할진대 딸 가진 부모라면 어떨까? 잘못되어 임신하게 되면 얼마나 힘이 들까? 임신한 진돗개를 보면서 딸 가진 부모의 마음을 헤아리게 되었다. 그다음에는 순종을 교배하여 주었다. 새끼를 일곱 마리를 낳았다. 다른 사람에게 주려고 하니 어미가 난리였다. 그러면서 강아지는 어미 것인가? 주인인 내 것인가라는 생각이 들었는데, 강아지는 내 것이라 생각을 했다. 하지만 사람의 경우는 어떠한가? 사랑해서 아이를 낳았지만, 그것이 내 소유인가? 라는 생각이 들었다. 몸만 빌렸을 뿐이지 실제 아이를 생기게 하는 것은 누군가의 손길이 있는 것이라고 생각하기에 이르렀고, 그것은 신의 존재를 인정하는 계기가 되었다.

여러 가지 프로그램을 통해 공부도 하고, 적성검사나 심리검사 등을 하면서 나를 찾고자 했다. 그리고 자연에서 농사를 지으면서 나는 누구일까를 찾아보았다. 그러면서 내린 결론은 보이는 것이 다가 아닌 영적인 보이지 않는 무엇인가가 있다는 것이다. 아직도 나는 누구인가에 대해 명확한 답을 내릴 수 없지만, 최소한 눈에 보이지 않는 다른 가치가 있다는 것만은 분명하게 말할 수 있으며, 앞으로도 그것을 찾기 위한 노력은 계속될 것이다.

• 간절히 원하면 이루어진다 •

'나는 누군가' 하는 것에 대해 계속 고민을 하는 것은 풀리지 않은 고민이다. 카네기는 풀리지 않는 고민에 대해서는 계속 기도하라고 했다. 하느님이 나를 만들었기 때문에, 왜 나를 만들었는지 해답을 찾을 수 없고, 나를 만든 존재에게 왜 만들었는지를 묻는 기도를 해야 한다는 것이다. 인생을 살다 보면 풀리지 않는 문제에 부닥치곤 한다. 계속 노력해도 안 되는 것은 건강만 해치는 결과를 만들기도 한다. 그럴 때 기도를 하라고 한다. 기도하는 마음으로 풀 수 없는 문제를 대하면, 자신이 전혀 생각하지도 못한 의외의 방식으로 그 문제가 풀리기도 하는 것이다. 우리는 한 번씩 기적을 경험한다. 상식적으로는 일어날 수 없는 것들이 기적이라는 이름으로 일어나기도 하는 것이다. 풀리지 않은 일은 기도를 하라. 간절히 원하면 이루어진다.

기도하라 2
_기도가 기적을 만든다

●

기도는 인간이 발생시킬 수 있는 가장 강력한 에너지다.
자신이 믿는 신에게 기도로써 의지한다면 새로운 힘을 얻게 될 것이다.

필자는 세상살이를 힘들어하거나 걱정이 많은 사람에게 다음의
성경 구절을 읽어보라고 권하곤 한다.

"생명을 위해 무엇을 먹고 무엇을 마실까 몸을 위해 무엇을 입을
까 근심하지 말라 공중에 나는 새를 보라 심지 아니하고 거두지
아니하고 창고에 쌓아두지 아니하되 하나님께서는 그것들을 기
르시나니 너희들은 그것들보다 귀하지 아니하냐 그러므로 너희
들은 먼저 그의 나라와 그의 의를 구하라 그러면 이러한 것들을
모두 너에게 더하시리라"(마태복음 6장 25~26절)

부모는 아이가 먹을 것을 달라, 입을 것을 달라고 하기 전에 알아서 다 해준다. 그리고 부모가 아이에게 원하는 것은 공부 열심히 하고, 부모 말 잘 듣는 것이다.

하나님도 마찬가지다. 우리가 원하는 것을 구하기 전에, 하나님이 우리에게 무엇을 요구하는지를 먼저 깨달아야 한다. 그리고 하나님이 하고자 하는 일이 무엇인지 알고 기도하면, 우리가 원하는 모든 것들은 일시에 다 해결해주신다. 이것이 바로 기도의 힘이다. 기도는 하나님이 무엇을 원하는지를 알고 그에 따르겠다는 나의 각오면 충분하다.

데일 카네기는 기도에 대해서 다음과 같이 이야기하고 있다.

"기도는 우리가 고민하고 있는 것이 무엇인지 정확하게 언어로 표현할 수 있게 한다. 문제의 실체가 애매모호할 때 그것을 해결하는 것은 불가능하다. 기도는 당면한 문제를 종이 위에 기록해서 눈으로 보는 것과 같다. 만일 누군가가 문제 해결을 도와주기를 바란다면 상대방이 하나님이라 할지라도 그것을 언어로 표현하지 않으면 할 수 없는 일이다. 기도는 우리에게 혼자가 아니라 누군가 함께 나의 무거운 짐을 분담하고 있다는 느낌을 들게 한다."

인간은 고민을 혼자만의 힘으로 견딜 만큼 강하지 못하다. 고민이 너무나 사적이어서 가족이나 친구에게도 털어놓을 수 없는 경우가 많다. 이럴 때는 기도를 하면 많이 도움이 된다.

정신과 의사는 압박과 긴장 등 정신적인 스트레스를 받을 때, 그것을 남에게 털어놓는 것만으로도 병원에서 치료를 받는 것 이상으로 효과가 있다고 한다. 하지만 어느 누구에게도 말할 수 없는 것들이 있다. 그것을 기도로써 하나님께 호소하고 털어놓을 수가 있는 것이다.

또한, 기도는 생각을 행동으로 옮기게 하는 첫걸음이 된다. 어떤 일을 성취하기를 원하는 것은 성취에 대한 노력을 기울이고 있다는 증거가 된다.

카렐 박사의 말이다.

"기도는 인간이 발생시킬 수 있는 가장 강력한 에너지다."

어떤 문제에 부닥쳤을 때, 그것을 극복하기 위한 힘이 필요하다. 그 힘이 바로 기도의 힘이다. 하나님이든 성령이든 아니면 자신이 믿는 종교의 신에게 기도로써 의지한다면 새로운 힘을 얻게 될 것이다.

• 기도가 기적을 만든다 •

사람의 힘으로 되지 않는 스트레스에 대해서 카네기는 기도에 의존하라고 했다.

기도는 가끔 기적을 불러오기도 한다. 그것을 논리적으로 설명할 수는 없을지라도 분명 기적은 일어나며, 그것을 일어나게 하는 키가 바로 기도이다.

스트레스 해소하기
_나를 위해 용서하라

●

최악의 경우를 생각하라. 최악의 경우를 상정하는 것이
스트레스를 벗어날 수 있게 하고 그 문제를 해결할 수 있게 한다.

6월의 강한 햇빛 속, 완두콩밭에서 일하고 있는데, 예전 카네기 수강생이었던 30대 후반의 한 여자에게서 전화가 왔다.

그 여자는 가정의 문제점을 집중해서 다루는 텔레비전 프로그램인 '부부의 이야기'를 자주 보는데, 꼭 자신의 이야기를 다룬 것 같은 드라마를 본 것에 대해 이야기하며, 나에게 조언을 구했다. 드라마 속의 아버지는 아내와 이혼한 후, 다른 사람과 재혼을 했는데, 원래 자식과 소통이 잘되고 있는 모습을 보며 많이 울었다고 했다. 그 드라마 속의 다른 내용은 눈에 들어오지 않고 이혼한 아버지와 자녀와의 끈끈한 사랑만이 눈에 들어왔다고 했다. 그 이유를 물으니 자신의 이야기를 들려줬다.

아버지와 어머니가 2년 전에 이혼하려고 했는데, 어머니가 아버지의 요청을 받아들이지 않았다. 그전에 아버지와 어머니는 10년 정도 별거를 했다. 그런데 아버지에게 마음에 드는 사람이 생겼고, 별거는 하지만 법적으로는 부부였다. 아버지는 자신에게 이혼할 수 있도록 어머니를 설득해 달라고 부탁한 것이다. 그러면서 아버지는 이렇게 덧붙였다.

"설령 재혼한다고 해도 남의 자식하고 친하겠느냐. 혈연이기에 너희들과는 친하게 지내지 않을 수 없을 거다. 그리고 너희 어머니에게도 위자료를 줄 거다."

그 말을 듣고 자신이 나서서 어머니를 설득하여 이혼하게 되었다고 한다.

그런데 이혼하고 난 뒤 아버지는 자신의 전화도 받지 않고, 위자료를 주기로 한 것도 일부만 주었다고 한다. 어머니는 울면서 "네가 하라고 해서 이혼했는데 이렇게 됐다."라며 자기를 원망한다고 한다.

자기의 남편에게 그 이야기를 하니 남편은 "당신 참 순진하다. 그 말을 어떻게 그대로 믿었냐."라고 했다는 것이다. 남편 말이 맞는다는 생각이 들었다. 지금 아버지에 대한 그리움과 실망감 때문에 밤잠을 자지 못하는 상태에 있으며, 정신과 치료라도 받을 생각이라고 했다. 그에 대한 스트레스로 인하여 음식을 많이 먹고 군것질을 많이 해서 살도 많이 쪘다고 한다. 어떻게 하면 좋겠냐는 전화였다.

나는 그녀에게 이렇게 말해 주었다.

"일단은 당신 몸이 중요하다. 싸우려고 해도 건강해야 싸울 수 있다. 아버지에 대해서 한번 생각해보자. 아버지의 행동은 나쁘다. 위자료도 주지 않는 등 약속을 지키지 않고 혈육에게 그런 행동을 하는 것을 보면 분명 나쁜 아버지다. 아버지의 행동은 분명 좋지 않지만, 생각해보면 아버지도 마음이 썩 좋지는 않을 것이다. 하지만 아버지 입장에서 한번 생각해보자. 새로운 여자와 행복하게 살려고 하고, 그 가정에 딸린 식구도 있기에 신경을 써야 하고, 주위 사람의 눈치도 보아야 할 것이다. 어떻게 보면 아버지는 굉장히 힘든 상황에 놓여 있을 수도 있다. 어떻게 보면 아버지는 매우 불쌍한 사람이다.

당신은 다 성장했기에 따로 보살피지 않아도 살 수 있을 거다. 돈을 주지 않는 것은 어머니와의 문제다. 아버지는 현재 돈이 없을 수도 있다. 아버지의 입장에서 생각해보면, 행위는 나쁘지만, 아버지 인간 자체는 용서해도 되지 않겠는가. 용서하지 않으면 당신만 힘이 든다. 그 괴로움에서 탈출하는 방법은 아버지를 용서하는 것이다. 그것에서 출발하자. 용서는 신의 영역이라고 하더라. 인간이기에 전적으로 용서할 수는 없겠지만 하려고 노력은 해보자. 용서했다고 생각을 하면 일단은 내가 살아갈 수 있다."

그녀는 어느 정도 내 의견에 수긍해주었다. "실제 당신이 힘들어

하는 것은 무엇이냐? 아버지를 잃었다는 상실감 때문에 힘들어하는 것 아니냐?"라고 물었더니 그렇다고 대답했다. 나는 성심을 다해 그녀에게 이렇게 조언했다.

"아버지와 언젠가는 헤어져야 한다. 사랑하는 사람과 이별할 때는 상실감을 가질 수밖에 없다. 엘리자베스의 《인생 수업》이라는 책을 보면 죽어가는 사람이 후회하는 것 중 하나가 상실감이라고 한다. 즉 이별 상태에서 보낸 세월과 자신이 잃어버린 것에 대해 엄청 후회를 한다는 것이다. 죽음 앞에서는 누구나 상실감을 가지게 된다. 물건도 잃어버리면 상실감이 든다. 키우는 짐승도 죽으면 상실감에 빠지는 것은 마찬가지다. 인생이란 어차피 다 놓아버려야 한다. 이별할 수 있다는 것을 당연하게 받아 버리면, 익숙해져버리면 새로운 것을 잡을 수 있다고 그 책은 말한다. 10년 후에 올 것이 지금 온 것이라고 생각하자. 떠나간 사람의 입장에서 생각해버리면 상실감에서 벗어나기가 훨씬 쉽다. 상실하지 않으면 새로운 것을 손에 집을 수 없다. 손에 쥐고 있으면 새로운 다른 것을 잡을 수 없는 것과 마찬가지다. 상실할 수 있다는 것을 받아들이는 연습을 하면 그 시간이 다가왔을 때 감정 소모로 자신의 인생을 소모하지 않게 될 것이다."

2주 정도 지난 후에 다시 전화가 왔다. 조언해준 대로 실천하니 많은 도움이 되었다고 했다. 용서하자고 마음먹자 일상이 한결 편해지고 잠도 잘 잘 수 있게 되었다는 것이다.

• 최악의 경우를 생각하라 •

야자수 나무를 올라갈 때, 중간에 발이 꼬여 잘못되든가, 한눈파
는 사이에 미끄러질 수가 있다. 그 상태에서 다시 올라가려 하면
엄청 힘이 든다고 한다. 올라가려면 또 미끄러진다. 나무를 놓치
지 않고 잡으려 애를 쓸수록 올라가는데 집중할 수가 없다. 야자
수 나무를 다시 올라가기 위해서는 바닥까지 내려와야 한다. 정
신을 차리고 힘을 보충해 다시 올라가야 야자수 나무 꼭대기까
지 올라갈 수가 있다는 것이다.

바닥으로 내려오는 행위야 말로 어쩌면 최악의 상황이라고 할
수 있다.

어떤 일을 할 때, 최악의 경우를 상정해 버리면 스트레스를 이길
힘이 생기고, 올라가는 데 집중할 수 있다.

안 미끄러지려고 신경 쓰는 것이 결국은 올라가는 데 집중하는
것을 방해하는 것이다.

놓지 않으려 하기보다는 새로운 것을 잡는 것이 스트레스를 극
복하는 방법이다.

아버지가 연락 안 오는 것이 문제고, 어머니에게 위자료 안 주는
것이 문제다. 여기에 분노하고 있다.

여기에서 최악의 경우는 무엇일까? 아버지가 죽은 것이 아닐까?
아버지가 죽었다고 생각하면 그래도 살아있다는 것이 다행으로
여겨지지 않을까? 아니면 아버지가 어려워 돈을 주어야 할 상황
이라는 최악의 경우를 생각하면, 오히려 돈을 보태주지 않은 것
을 다행으로 여기지 않을까?
최악의 경우를 상정하는 것이 스트레스를 벗어날 수 있게 하고
그 문제를 해결할 수 있게 한다.

Lesson 4-06

코로나로 배운 두려움의 정체
_카네기의 평균의 법칙을 생각하다

●

관심은 순수해야 한다. 남이 나에게 관심 가져 주기를 원하기보다는
내가 다른 사람에게 관심을 가질 수 있도록 노력하라.

카네기의 평균의 법칙을 생각하라. 두려워하는 것이 현실화되는
것을 막아준다. 두려움도 잘만 활용하면 장점이 될 수 있다.

아내가 보건진료소에서 근무하고 있다. 최근 코로나가 기승을
부렸는데, 의료인이 감염되어 환자에게 재감염을 시키는 경우가
종종 있었다. 의료인인 아내는 자신도 모르게 그 사실로 인해 엄청
스트레스를 받았다. 그런데 남편인 나에게도 그것은 스트레스 요
인이 되었다.

사람이 농장에 오는 것도 못 오게 했을 뿐만 아니라 외출도 자제
했다. 불가피하게 농기계를 사는 등의 이유로 외출을 하고 돌아왔

을 때, 목이 컬컬하고 후두가 아픈 코로나와 비슷한 증세가 올 때도 있었다. 그럴 때면 나의 비상약인 천연초를 먹으며 목을 다스렸다. 그래도 걱정이 되었다. 아침에 일어나면 괜찮겠지 하고 잠을 자는데, 아침에 증상이 호전되면 너무 기분이 좋았다.

농장에 혼자 있으니 그런 두려움이 쌓이게 되었다. 잠을 자다가 중간에 깨어날 때도 있는데, 긴장으로 인해 땀이 나서 옷이 흠뻑 젖기도 했다. 그럴 때는 옷을 갈아입고 다시 잠을 청했다.

되도록 외부와 접촉하지 않겠다고 마음먹었다. 하지만 나는 외로움을 많이 타며, 사람과 어울리지 않으면 우울함을 느끼기도 하는 성격이다. 예전에는 지나가는 행인을 불러 차를 대접하기도 했는데, 코로나로 인해 요즈음은 그렇게 하지 못했다. 그런 나를 보고 친구들은 "나는 네가 없어도 살 수 있지만, 너는 내 없이는 못 살 거다."라는 말을 하곤 했다.

부정하고 싶었지만, 생각해보니 그 말은 맞는 말이었다. 코로나로 인해 계속 혼자 있게 되었다. 텔레비전을 보면 온통 코로나에 대한 뉴스라 아예 텔레비전을 보지 않고 일을 많이 하곤 했다. 피곤하면 목이 붓는 현상이 일어났고 코로나에 감염된 것이 아닐까 하고 걱정을 했다. 그것이 반복되자 코로나에 대한 두려움이 외로움을 극복하게 해주었다.

아내에게 "외롭다고 사람을 부르지 않아도 되겠다. 코로나 때문에 혼자 사는 데 익숙해졌다."라고 말했다. 한 달이 넘게 혼자 있어도 외롭지 않았다. 코로나 덕분에 혼자 살 수 있는 자생력이 길러졌다고 느껴졌다.

코로나로 인해 느낀 점이 또 하나 있다. 코로나에 대해서 걱정을 하다가 두려움의 정체를 보았다. 코로나는 눈에 안 보인다. 내가 옮길 수도 있지만, 울산에서는 걸릴 확률이 100만 분의 일밖에 되지 않는다. 확률상 아주 적은데 걱정할 필요가 없다고 생각하기에 이른 것이다.

두려움에 휩싸이면 주저하다가 좋은 기회를 놓칠 수 있게 있는데, 그 두려움이 왔을 때는 그 정체를 보고 두렵게 하는 것이 무엇인가를 파악하자. 그러면 두려움을 극복하게 되고 도전할 수 있게 된다. 두려움이 느껴지면 '위험을 막아주는 방어기제가 발동하고 있구나, 경고등이 켜졌구나' 하고 긍정적으로 생각하자. 그러면 두려움에서 벗어나게 되어 기회를 잡기 위해 도전할 수 있게 되는 것이다.

겁 많은 아이들이 머리가 좋다는 통계도 있다. 하룻강아지가 범 무서운 줄 모른다는 말도 있다. 두려워하는 것을 부정적으로만 보지 말고 긍정적으로 보면 큰 화에서 벗어나게 해준다. 두려움을 잘 관리를 하게 되면 내 신변을 보호할 수 있고, 새로운 기회를 잡는 데 장애가 되지 않는다. 두려움의 실체를 확실하게 알아야 한다. 코로나를 통해서 느낀 교훈이다.

• 평균의 법칙 •

카네기를 보면 평균의 법칙이 있다. 착륙과 이륙에 공포를 느낀다. 통계적으로 보면 벌에 쏘여서 죽는 비율이 비행기가 추락해 죽는 것보다 훨씬 높다. 하지만 사람들은 벌에 쏘여 죽는다는 두려움을 갖지 않는다. 카네기의 평균의 법칙을 생각하자, 그러면 두려움에서 벗어날 수 있게 된다.

두려움을 장점으로 활용할 수도 있다. 코로나를 두려워하는 사람에게는 코로나가 잘 걸리지 않는다는 사실이다. 왜냐면 마스크를 끼는 등 조심하기 때문이며, 그것은 두려움이 가진 장점이라고 말할 수 있다. 사고나 상실에 대해 두려워하는 사람은 그 두려움으로 인해 사고나 상실이 현실화되는 것이 아주 희박해진다. 왜냐하면, 두려워하는 것이 현실화되는 것을 막아주기 때문이다. 두려움도 잘만 활용하면 장점이 될 수 있다.

나와 신과의 관계
_신의 관점에서 사안을 바라보다

●

신의 관점에서 바라보라. 사람의 입장에서 이해되지 못한 것을 깨닫게 되고,
어떻게, 무엇을 해야 할 것인가를 알게 된다.

하나님을 아버지라고 하는 것에 대해 거부감을 느꼈다. 우리 아
버지가 서운해하실 것 같기도 하고 왠지 나와는 맞지 않는 것 같
아, '왜 하나님이 내 아버지인가?'에 의문을 가지고 있었다. 그러면
서 '사람은 영과 육으로 되어있는데, 육은 아버지에게 났지만 영은
하나님이 만든 것이라서 하나님을 아버지라 부르는 것이구나.' 하
고 깨닫게 되었다.

살아오면서 내 생각대로 되지 않는 경우를 많이 겪었지만, 오히
려 그것이 다른 더 좋은 상황으로 변하는 경험을 하면서 신의 존재
를 깨닫게 되었다. 인간이 하는 것은 한계가 있지만, 하나님에게는
한계가 없다. 인간은 눈에 보이는 것만 보지만 신은 인생 전체를

본다. 그렇기에 산길을 가다 막히면 암담하게 느끼지만, 그것은 돌아가라는 신의 뜻이기도 하다. 그러면서 하나님은 내가 갈 길을 안내해주는 것이다.

결과를 놓고 보면 내가 의도한 노력의 결실보다, 의도하지는 않았지만, 신이 이루어준 결실이 훨씬 더 컸다. 그런 일을 몇 번 겪다 보니 신의 뜻이 무엇인지 깨닫게 되기도 했다. 그러면서 어떤 일이 내 맘대로 되지 않아도 감사하는 마음을 가지게 되었다.

그런 것을 깨달으면서 모든 일을 내가 계획하고 모든 것을 내 힘으로 해내었다는 교만함을 버리게 된 것이다. 그런 후 어떤 일을 하고자 할 때, 이것이 신의 관점에서, 혹은 내 인생 전반에 걸쳐 옳은 것인지 먼저 살펴보고 일을 실행하게 되었다. 그러다 보니 욕심이 앞선 무리한 계획을 세우지 않게 되었으며, 조급해지지도 않았다. 또한, 최선을 다했지만, 결과가 좋지 않은 일도 생겼다. 그럴 때는 비록 그 일은 잘되지 않았지만, 다른 일에서 좋은 결과를 가져올 오게 되리라고 생각하며 위안으로 삼기도 했다. 그래서 하나님과 나의 관계는 하나님이 나를 잘 이끌고 가는 관계라고 생각했다.

돼지 열병 등 가축 전염병이 발생하면 많은 가축을 죽여 땅에 묻는다. 가축의 입장에서는 잘못된 한두 마리 때문에. 감염되지 않았지만, 옆에 있었다는 이유만으로 수십 마리가 죽임을 당하는 것은 이해되지 않은 일이 될 것이다. 그것을 보면서 성경에 나오는 하나님이 불과 물로 심판하여 세상을 멸망시키는 것을 이해하게 되었다. 사람과 가축과의 관계가 나와 신의 관계로 대비하여 생각했다. 사고, 전쟁, 전염병으로 인해 수많은 사람이 이유도 모른 채 죽어가는 것이 이해되지 않았지만, 가축 전염병을 이유로 감염되지 않은 수백 마리의 돼지를 땅에 생매장하는 것을 보면서 그것이 이해되었다.

지금 난 농사를 짓고 있다. 밭에 씨를 뿌려 곡식을 거둔다. 씨를 뿌리고 얼마 지나지 않으면 싹이 올라와 자란다. 그런데 올라오는 것은 곡식의 싹만이 아니다. 어디선가 날아온 풀씨의 싹도 함께 자란다. 곡식의 싹이 자라면서 풀도 함께 자란다. 시간이 흐르면 풀이 무성해져 곡식 싹이 보이지 않을 정도가 된다. 풀을 뽑아도 뽑아도 제거되지 않으면, 밭 자체를 갈아엎어 버리고 다시 곡식의 씨를 심는 경우도 있다. 그럴 경우, 곡식 싹의 입장에서 본다면 이유도 모른 채 갑자기 죽는 것이 된다. 그것을 곡식의 싹은 납득하기 어렵지 않을까? 하지만 사람은 곡식이 되지 않는 것을 알기에 풀과 곡식을 갈아엎는 것이다. 홀로코스트를 대하면서 신은 왜 몇 천만 명을 죽이는가에 대해 이해가 되지 않았다. 그런데 곡식 싹을 갈아엎으며 신이 행한 의도를 막연하게나마 이해할 수 있었다.

나와 신과는 아버지와 아들 관계도 되지만 주종관계이기도 하다. 세상일이 사람의 뜻대로 되는 것이 거의 없는 것을 보면서, 최선을 다하고 결과는 신에 맡기는 것이 올바른 삶이라는 인생관을 갖게 되었다.

• 신의 관점에서 바라보라 •

일이나 인생을 신의 관점에서 바라보니, 그동안 사람의 입장에서만 바라보고 이해되지 못한 것을 깨닫게 되었다. 신의 마음을 이해하게 되면서 내가 어떻게, 무엇을 해야 할 것인가를 알게 되었다. 그러면서 신과 소통하게 되었고 신과의 친밀감이 형성되었다. 상대방의 입장에 서거나 전체적인 시각에서 사안을 바라보면 모든 것에는 이유가 있다는 것을 알게 된다.

스트레스는 자신이 옳은데 상대방이 이해해주지 않거나, 열심히 했는데 일이 뜻대로 되지 않을 때 오는 경우가 많다. 머리만 싸맨다고 문제가 해결되지 않는다. 그럴 때는 한 걸음 물러나 신의 관점에서 사안을 바라보자. 다른 말로 한다면 전체적인 시각에서 바라보자는 말이다.

리더십과 소통

최고 결정권자를
설득하라

●

리더십의 범위를 포괄적으로 사용하라.
자신의 영향력으로 상대방의 잘못된 생각과 행동을 변화시키는 것까지
그 범위에 포함시킨다.

2012년 초, 공장 총괄 책임자로 부임하여 온 사람은 '안전환경조직은 생산 활동의 발목만 잡는 조직'으로 생각하는 사람이었다. 또한, 안전환경 직원들을 현장도 모르면서 공무원처럼 지적만 하는 사람이라는 편견을 가지고 있었다. 그 사람은 과장, 부장 시절 관련 단속기관에 적발되어 몇 차례 곤욕을 치렀으며, 그때마다 안전환경 조직과 많이 부딪혀 나오는 나쁜 추억을 갖고 있는 사람이었다. 그 사람이 부임한 후 필자는 공개석상에서 모욕에 가까운 질책을 수없이 많이 받았으며, 추진하고자 하는 업무에 대해서도 사사건건 부딪치게 되었다. 회의에 참석할 때마다 곤욕을 치렀기에 주변에 있는 임원들, 팀장들이 힘내라고 내 어깨를 툭툭 치고 나갈 정도였다.

때로 비서실장을 통해서 너무 심하게 해서 미안하다고 개인적으로 사과를 해올 때도 있을 정도였다. 총괄책임자가 바뀔 때마다 안전환경에 대한 정책이 수시로 바뀌기 때문에 일정한 방향으로 업무를 추진하기에 애로사항이 많았다.

그러던 중, 당시 사회적으로 문제가 된 중대한 사고가 많이 발생하였고, 울산지역에서는 다른 회사의 공장장이 검찰에 불려 가는 사례도 여러 번 있었다. 나는 이러한 상황에서 새로운 안전환경 관리 시스템을 구축해야 한다고 생각했고 직속 상사에게 보고했다. 그러기 위해서 우리 회사의 안전환경의 현 상태와 문제점 그리고 경쟁사와 선진 외국회사의 안전환경 현황을 비교 검토하였고, 우리 회사의 문제점과 개선 방향에 대해서 보고서를 만들었다. 보고서에 나타난 우리 회사의 안전환경 지수는 좋지 않은 상태였다.

보고서를 받아 본 직속 상사는 우리 회사가 수치가 안 좋은 것에 대해 이해할 수 없다며 다시 한번 확인해보라고 했다.

"다른 임원들은 그렇게 생각하지 않고 우리 회사의 안전환경 수준이 1등이라고 생각한다."

그래서 다시 정확한 근거를 첨부하여 보고서를 수정 보완했다. 1차 보고를 마치고 총괄 책임자에게 보고했는데, 예상했던 대로 많은 질책을 받았다.

"우리 회사가 그렇게 안 좋으냐? 또 쓸데없는 틀린 일을 하느냐? 할 일이나 똑바로 해라."

같은 보고에 참석했던 임원들도 총괄 책임자의 말에 따라 우리 조직을 비난했고, 현재 우리 회사는 아주 잘하고 있다고 동조하고 있었다.

당시의 보고서 내용을 잠시 살펴보자.

첫 번째, 공장 최고 책임자와 안전환경부서는 서로 긴밀히 협력 관계가 되어야 한다는 것.

두 번째, 최고 책임자가 3년에 한 번씩 바뀌므로 안전환경 정책이 수시로 바뀌어 일관된 정책을 수행할 수 없다는 것.

세 번째, 안전환경조직의 파워가 없다는 것 등이었다.

이 내용에 직접적인 당사자가 되는 공장 총괄 책임자나 임원에게 이것을 이야기하는 것 자체가 나의 실수였다. 그래서 그룹 경영진에게 직접 보고하기로 결심했고, 그것을 실행했다. 직접 경영진인 전무님은 내 의견에 100% 공감했으며, 다시 수정 보완해서 그렇게 한번 해보자고 했다.

다시 동종 업체를 벤치마킹하기 시작하였고, 서류를 보완하여 수십 번 발표 연습을 했다. 자료가 어느 정도 다듬어질 무렵이었다. 서울에 다녀온 직속 상사는 최고 경영자로부터 보고하라는 지시를 받았다고 했다. 더 용기를 얻은 우리는 준비에 만전을 기했다.

우선 최고 경영자가 미국 엑손 모빌 출신이라는 것에 착안에서 액손 모빌의 안전환경에 대한 정책과 경영 용어에 대해서 자료를 수집하였다. 엑손 모빌은 안전운영 정책에 대해서는 모든 것을 대외비로 하고 있었다. 그래서 차선책으로 엑슨 모빌 출신의 인사를 찾아다니면서 구두로 많은 정보를 얻었고 그것을 보고서에 삽입했다. 회사 최고 경영자가 관심을 가지지 않으면, 안전환경은 아무 소용이 없다는 것이 주 내용이었다. 또한, 최고 경영자의 관심을 이끌어내기 위해서 여러 가지 제안을 했다.

이 보고서는 울산 공장에서는 발표하지 않고 비공개로 했다. 최고 경영자에게 발표할 일정이 확정되었고, 여러 번의 연습 끝에 드디어 발표 날이 다가왔다. 서울 본사 대회의실에서 발표가 있었는데. 그룹사 사장님들과 함께 회장님을 기다리는 동안은 마치 개미가 기어가는 소리라도 들릴 것 같은 고요함이 흘렀다. 그 고요함은 마치 심장을 멈추게 할 것만 같았다. 회장님이 입장하면서 더욱 차가워진 긴장감이 전 회의장을 엄습했다. 텔레비전에서 회장님 주관 회의를 본 적이 있는데, 실제 참석해보니 삼엄한 느낌이 텔레비전으로 보는 것보다 더욱 실감이 났다. 첫 번째 발표자가 발표를 마쳤고, 두 번째 내 발표 시간이 되었다. 입도 마르고 긴장도 했다. 회장님께 고마움을 표시하고 발표를 시작했다. 발표하는 동안에 회장님의 동의를 얻기 위해서 지속적으로 액손에서 사용하는 안전환경 용어를 사용하였고 최대한 객관적으로 발표를 했다. 발표 말미에, "저는 오늘 발표한 내용에 대한 답을 주지 않으시면 울산으로 내려가지 않겠습니다."라는 말을 덧붙였다.

내 발표를 들은 동석한 부회장의 얼굴에는 엷은 미소가 그려졌다. 회의를 다 마치고 부회장은, "여기 계시는 사장님들 이 양반이 오늘 답을 안 주면 울산에 안 내려가겠다는 말을 들었죠? 하실 말씀 있으면 해보시죠."

그러자 내 의견에 모두가 찬성하고 공감하였다. 마지막으로 부회장은 마무리하면서, "진작 했어야 될 건데 내가 신경을 못 썼네. 내가 당신 말대로 할 테니까, 이제 마음 놓고 울산 내려가도 좋겠어."라고 말하는 것이었다. 그동안의 긴장과 고생했던 피로가 한 번에 싹 풀리면서 부회장이 그렇게 고마울 수가 없었다.

그로부터 마스터플랜에 대한 계획이 생기고 실행이 급속도로 진행되었다. 플랜을 기획한 나로서는 마음이 너무 흐뭇했다. 일단 조직을 만들었다. 본사에 안전환경본부장 자리가 생겼다. 아이러니하게도 공장에서 가장 반대를 많이 했던 임원 중 한 명이 승진해서 본부장으로 갔다. 그리고 각종 경영 회의 때마다 안전환경 'SAFTY TALK'도 하고 또 공장 단위 안전환경 회의도 주기적으로 하는 등, 많은 분야에서 변화가 있었다. 지금도 그 플랜은 계속되고 있다. 이것이 회사생활을 하면서 내가 남긴 가장 큰 업적이었다고 스스로 자부하고 있다.

되돌아보면 많은 어려움이 있었고 또한 많은 구박을 받았지만, 거기에 굴하지 않고 하나의 정책을 입안해서 시행한다는 것은 큰 보람이자 열정이 있어야 가능한 일이다.

그 후로 나는 일에 대한 자신감이 높아졌다.

• 리더십의 범위 •

카네기는 리더십의 범위를 좀 더 포괄적으로 사용한다. 단순히 조직을 이끄는 것에만 국한하는 것이 아니라, 자신의 영향력으로 상대방의 잘못된 생각과 행동을 변화시키는 것까지 리더십의 범위에 포함하는 것이다.

위의 사례는, 공장 총괄본부장이나 임원들이 내가 기안한 것에 대해 부정적인 생각을 가지고 있었는데, 난 리더십을 발휘하여 그 사람들의 생각과 행동을 변화시킨 사례이다.

책임지는 리더십
_보고 연락하고 상담하라

●

해결할 수 없거든 도움을 청하라. 나의 실수를 내가 먼저 인정하면
상대방의 마음을 움직여 협조를 끌어낼 수 있다.

우리 회사는 미국과 합작하여 새로운 회사를 만든 적이 있었다.
그 회사의 공정은 미국에서 처음 도입한 석유화학 공정이었다. 그
것을 공장에 적용하기 위한 시운전을 하는데 공장장 이하 전 임원
과 팀장 등을 비롯한 모든 직원이 밤낮없이 움직였다. 미국과 처음
으로 합작한 회사이므로 최고 경영자의 주요 관심사가 된 지 오래
라 매일 매일 시운전 상황을 보고하는 처지였다. 안전 환경 분야는
최선을 다했지만 시운전 과정에서 가스 누출 사고와 화재 사고, 인
명사고로 대외 점검 기관의 집중 점검과 현장 조사 등이 이어졌다.
부서 분위기는 침체해 있었고 공장장의 질타와 불신임은 더 심
해져만 갔다. 엎친 데 덮친 격으로 미생물을 이용한 폐수 처리장마

저 문제가 생겼다. 미생물이 사멸한 것이다. 밤새 공정에서 고농도 폐수가 미생물 반응조로 유입되어 미생물 층에 이상이 생겨 더 이상 폐수처리를 할 수 없는 실정이 되었다. 공장은 시운전 중이라 지속적으로 폐수가 배출되었기에, 처리를 못 한 채 비상 집수조를 이용하여 임시 저장할 수밖에 없었다. 미생물 반응조가 정상 가동될 때까지는 다른 방법이 없었다. 비상 저수조 수위는 지속적으로 높아졌고 그 상태로는 미생물이 빨리 회복할 기미는 보이지 않았다.

공장 시운전에 눈코 뜰 새 없이 바쁜 공장장도 폐수처리장에 직접 내려와 미생물에 대한 보고를 받고 몹시 안타까워했다. 폐수처리장 운영은 자신은 잘 모르니 전문가들이 알아서 잘 운전해야 한다고 했다. 사실 공장장은 생산 공정에는 베테랑이지만 폐수 처리장 운영에는 경험이 별로 없었다. 이제까지는 생산 공정에 문제가 생기면 공장장을 비롯한 전 임원의 지원과 라이센스사인 미국 아코 화학에서 엔지니어를 파견해주었기에 문제 해결하는 데는 큰 어려움이 없었다. 그러나 폐수 처리장은 누구 하나 도와줄 수 있는 사람이 없었다. 상의할 사람도 없고 담당 과장으로써는 답답할 뿐이었다. 이런 상태가 지속되면 비상집수조가 가득 차 공장 시운전을 중단해야 했다. 회사 역사 이래 폐수처리장이 문제가 되어 공장가동이 중단한 사례는 없다고 생각하니, 생각만으로도 끔찍했다. 공장 가동률 저하로 인한 압박, 탑 매니지먼트에 대한 죄책감, 공장 가동 손실로 발생하는 수백억 원의 손실 발생 등을 생각하며,

견디기 힘든 시간을 보냈다.

현재와 같은 속도라면 비상집수조가 가득 차기까지 남은 시간은 3일이었다. 미생물 회복에 좋다는 것은 모든 것을 다 해보았다. 설탕도 넣어 봤고, 술(메탄올)도 넣었고 종균제, 심지어는 화장실에서 인분을 퍼 미생물 반응기에 넣기도 했다. 하지만 회복 속도는 그리 빨라지지 않았다. 지금 같은 회복 속도라면 빨라도 일주일 이상이 소요되어야 폐수처리장이 정상 운영될 것 같았다.

어디론가 도망가고 싶은 심정이 들었다. 그날 밤 보름달이 휘영청 밝게 떴다. 미생물을 관찰한 후 문제를 해결하기 위한 대책을 직원 한 명과 둘이 머리를 맞대고 고민했지만, 대안이 없는 상태에서 달을 바라보는데, 둘 다 엉엉 울고 싶은 심정이었다. 밤은 깊어 갔고 대책 없이 안절부절하고 있는데, 뜻밖에 예고도 없이 공장장이 현장에 내려와서 미생물 상태를 물어보았다.

"미생물은 조금씩 회복되고 있습니다. 그런데 비상 집수조가 점점 차올라 걱정입니다. 다 차기 전에 최선을 다해서 미생물을 회복시켜 보겠습니다."

보고는 희망 쪽으로 했지만, 더욱 걱정이 커졌다. 다음날 새벽에 기적을 바라면서 출근했지만, 기대는 온데간데없고 비상집수조가 거의 다 차가고 있었다. 그 순간 정말 도망가고 싶었다. '사표를 내야지. 그런데 사표를 내면 누가 이것을 해결하지?' 꼬리에 꼬리를 무는 걱정과 스트레스에 얼굴이 죽을상이 되었다. 그런 와중에도 어김없이 공장장이 내려왔다. 공장장 볼 면목이 없었지만, 나에게 별 질문은 하지 않았다.

"어느 정도 버틸 수 있나?"

"네, 이틀 정도입니다."

"야, 표정이 왜 그래? 오늘 저녁 식사나 같이하지. 7시까지 공업 탑 식당으로 와."

혼날 때 혼나더라도 내 마음속에 있는 것을 다 이야기하고 싶었다. 퇴근 후 식당에 도착해보니 먼저 와 계셨다.

"앉아. 지금은 아무 걱정하지 말고 저녁이나 맛있게 먹고 술이나 한잔하자."

그렇게 술잔이 오고 가고 했고, 어느 정도 술에 취하자 마음이 많이 풀렸다. 그동안 마음속에 있었던 것을 하나하나 이야기했고, 이 모든 것이 제 책임이라 말씀드렸다. 그러자 공장장은 무슨 말이냐며 나를 위로했다.

"그동안 마음고생이 참 많았네. 그것은 당신 책임이 아니고, 공장을 책임지고 있는 바로 공장장인 내 책임이야. 내가 그동안 못 챙겨 줘서 미안하네. 오늘은 술이나 실컷 먹고 모든 것은 내가 책임지고 해결할 테니 걱정하지 마. 경 과장은 차근차근히 미생물을 회복시키는 데만 전념하면 되는 거야."

이 위로의 말에 그동안 마음을 짓눌렀던 모든 것이 일시에 사라지는 것 같았다. 그야말로 구세주를 만난 것 같았고, 또한 그렇게 말해 주는 공장장이 너무 고마웠다.

다음 날 현장이 난리법석이었다. 생산부서는 폐수량과 농도 줄이는 방안을 수립 시행하느라 정신없이 움직였고, 지원부서는 탱크로리차로 비상집수조 폐수를 공장 빈 탱크로 이송 저장하느라 쉴 새 없이 움직였다. 이 모든 것은 폐수처리장 정상화 작업에 최우선 지원할 것을 공장장이 지시한 결과였다. 폐수 이송 작업은 이틀 만에 반 이상이 옮겨졌고 생산부서의 폐수발생량 감소로 여유가 생겼다. 그러자 일주일 후에 폐수처리장은 정상화되었다.

이후로 생산부의 폐수처리에 대한 관심이 높아져 폐수를 배출할 시에는 우리 부서에 먼저 협조를 구했고, 문제가 안 되는 범위 내에서 배출 하게 되었다. 또한, 각 부서장들의 폐수처리장에 대한 관심도가 전에 비해 놀라보게 높아졌고, 임원들이 현장에서 나를 만나면 폐수처리장 운전 현황에 관심을 갖고 물어보며 격려를 아끼지 않았다.

이 난리를 겪으며, 앞으로 어려움이 있을 때 혼자 고민하지 말고 최고 책임자에게 보고하고 상담하는 것이 좋겠다는 생각이 들었다. 후에 그 공장장님의 모토가 '보, 영, 상'이라고 소문이 났다. '보고, 연락, 상담'의 줄임말이다. 이것이 소통의 핵심이라고 했다.

조직사회에서는 혼자 고민하지 말고 상사에게 보고하고 연락하고 상담하자. 그러면 개인의 힘으로는 불가능해 보이는 것도 조직의 힘으로 해결 할 수 있게 되는 것이다.

• 나의 잘못을 먼저 이야기하라 •

조직의 한 일원으로 일할 때, 자신의 역량으로 해결할 수 있는 것도 있으며, 때에 따라서는 없는 것도 있다. 해결할 수 없는 것은 도움을 청해야 한다. 만약 자신이 잘못한 것이라도 그것을 솔직하게 인정하고, 도움을 요청해야 한다. 내가 먼저 잘못을 인정하면, 그것이 상대방의 마음을 움직이게 하여 협조를 이끌어낼 수 있게 되는 것이다. 그래야 문제는 더 이상 확대되지 않으며 해결책이 나온다. 잘못한 일에 대해 그것을 감추기만 하면 삽으로 막을 것을 포크레인으로도 막을 수 없게 된다.

조직의 룰만 고집하지 말고,
스스로 고치게 하라

●

규칙만 고집하기보다는 사람에 대해 순수한 관심을 가져라.
일보다 사람이 우선임을 실천하고 스스로 고칠 수 있게 기회를 줘라.

2003년도 과장 3년차 때의 일이다. 본 공장에서 4km 정도 외곽에 위치하고 있는 합성수지 공장 안전환경과로 이동하여 근무하게 되었다. 변방에 있는 관계로 몇몇 구성원들이 그곳으로 이동하여 근무 중이었고, 다른 부서와는 분위기도 사뭇 다르다는 것을 인수인계하는 과정에서 알게 되었다.

부임 첫날 직원들과 인사하는 자리에서 지금부터 우리 조직을 하얀 백지 위에 새로 그림을 그리듯이 하겠다고 선언하였다. 새로 시작하며 동료들과 관계를 재정립하고자 했다. 모두 환영하는 분위기에 나도 멋진 조직을 만들어보겠다는 포부와 자신감으로 넘쳐났다.

독립 조직 과장의 영향력은 상당히 컸다. 구성원들이 과장을 대하는 태도가 좀 부담스러울 정도로 신경을 썼고 경쟁적으로 관심을 받으려고 하는 것이 보였다.

주간 근무자와 교대 근무조가 있었다. 교대 업무는 4조 3교대로 근무했다. 교대조는 근무 특성상 관리자인 나와 만날 기회가 많지 않았다.

어느 날 아침에 출근을 했는데, 야간 근무시간에 시끄러운 일이 있었다는 보고를 받았다. 교대자 중 한 사람이 동료들과 다투었다는 것이다.

자세한 내막을 알아보니, 그 사람은 상습적으로 동료들에게 폭력을 휘두르는 등 동료들 사이에 평이 안 좋은 조원으로 분류되어 있었다. 조장 이야기는 저렇게 한번 하면 다음 날까지도 풀지 못해서 계속해서 소란이 이어진다는 것이다.

그런 이야기를 듣고 저녁에 그 현장을 목격하고자 잠복근무를 결심하고 총반장에게도 미리 이야기했다. 내가 전화를 할 테니 전화기 근처에 대기하고 있으라고 지시했다. 그런 후 사무실에 불을 끄고 있었다.

그 근무자는 내가 있는 것을 눈치채지 못했다. 10시부터 근무가 시작하는데 11시 즈음에 교대조 사무실에서 무언가 소란한 소리가 들렸다. 현장에 나가보니 폭력을 휘두르는 사람은 웃통을 벗고 조원들을 상대로 협박을 하고 주먹을 휘두르기 직전의 상황이었다. 그래서 현장을 보고 이야기를 하다가, 이것은 섣불리 건드려서는 안 되겠다고 판단했다. 총반장에게 연락해서 오라고 했다. 분위기는 험악한 상황이었고, 처음 접하는 상황이라 어찌할 바를 몰랐다. 20분 경과 후 총반장이 들어와 웃통 벗은 직원의 등짝을 때리면서 "이게 뭐하는 짓이냐!"라고 고함을 지르자, 그 직원은 총반장의 말을 듣고 다시 옷을 입었다.

그래서 나는 그날 야간 근무를 하지 말고 퇴근하도록 지시했고, 아침에 출근하라고 했다. 그런데 그 사람은 자신은 야간 근무할 수 있다, 잘못했다며 억지를 부렸다.

하지만 나는 단호하게 지시했다.

"저 사람 근무시키면 안 된다. 내일 아침에 출근하라. 하지 않으면 무단결근이다."

총무반장이 그 사람을 퇴근시키고 마무리되었다. 다음 날 출근하여 그 사람을 호출했다. 나는 그에게 회사 규정을 말하며, 근무하면서 폭력을 행사하면 사규에 중징계를 내리도록 되어 있으니 조치하겠다고 했다. 또한, 어제 사건에 대해 시말서를 제출하라고 했다. 그러자 자기가 낮에 술을 먹었고, 또, 친구와 안 좋은 일이 있어서 그러니 한번 봐달라고 간청했다. 하지만 나는 받아들이지 않고 인사부에 징계 의뢰를 했다.

징계를 내리는 일은 흔치 않은 일이었다. 그 당시 나는 새로운 조직에 부임했고, 젊은 패기로 그 사람을 잡아야 한다고 마음먹었다. 인사부에서 오히려 놀라서 그렇게 해도 되냐고 물었다. 나는 일벌백계해야 한다고 말하고 징계를 내렸다.

그런 일이 있은 지, 2년 정도 후에 그는 회사를 그만두었다. 그리고 5~6년이 지난 후에, 그 사람이 사업을 한다고 나에게 연락이 와서 만난 적이 있었다. 그때 일을 계기로 많이 변했다고 하며 지금 경제적으로 힘들다고 말했다.

돌이켜 생각해보면, 그때 경고만 할걸, 잘못한 것을 스스로 반성할 수 있는 분위기를 만들었으면 개인적으로 그 사람이 직장 생활을 끝까지 잘하지 않았을까 하는 아쉬움이 남았다.

최근에 텔레비전에 나온 나를 보고 그가 연락을 해왔지만 만나지는 못했다.

• 룰만 고집하지 말라 •

그 직원의 잘못을 지적하고 징계를 받게 함으로써 한 사람을 잃어버린 결과로 이어졌다. 징계가 최선의 방법이 아니었음에도 불구하고 깊은 생각 없이 징계를 내림으로써 결국 그 사람은 조직을 떠나게 되었다. 그때 여러 가지 방안에 대해 검토를 했더라면 그 직원은 스스로 잘못을 반성하고, 새로운 시작을 할 수도 있었을 것이다. 카네기는 사람에 대해 순수한 관심을 가지라고 말했지만, 난 그 직원에 대해 순수한 관심이 없었고, 조직의 룰만 고집했다. 일보다는 사람이 우선인데, 그렇게 하지 못했다. 지나고 보니 나의 부족함을 깨닫게 되었다. 카네기는 리더는 조직원의 잘못에 대해 스스로가 고칠 수 있게 기회를 주라고 했지만 난 그렇게 하지 못했고, 그것은 지금까지 아쉬움으로 남아있다.

진정한 리더는
인정하고 격려한다

●

규율과 통제보다는 인정과 격려로 조직의 성과를 극대화하라.
그렇게 했을 때 조직원은 진정한 마음으로 리더를 따른다.

내 고향 괴산 산촌 마을은 사람이 많지만 밭은 적었다. 대부분은 화전을 일구어 고추와 콩, 고구마 등을 심어 생계를 유지하고 자식을 교육했다.

아버지는 화전을 해 밭을 만드는 전문가였다. 나도 아버지를 따라 산에 가서 일정한 구역을 정해 숲에 불을 놓았고, 재만 남은 그 자체로 거름을 삼아 괭이로 밭을 만들었다. 그리고는 고구마와 고추를 심었던 기억이 있다. 이렇게 해서 번 돈으로 나는 중, 고등학교를 천안으로 유학해 마칠 수 있었다.

그 당시만 해도 우리 동네는 4년제 대학을 간 사람이 아무도 없었다. 중, 고등학교 방학 때 고향 집에 갈 때면, 주변에 있는 마을 어른과 내 또래 아이들은 외지에 나가서 공부한다고 많이 부러워했다. 이렇게 귀한 대접을 받으면서 고등학교를 졸업하고 대학 시험을 보았다. 발표 당일 온 마을 사람들이 나의 대학 합격 소식을 기다렸다. 몇몇 사람은 라디오에서 나오는 합격자 번호를 확인하기 위해서 밤을 새우기도 했다.

아버지는 교육을 받지 못해 한글조차 깨치지 못했지만, 아들 하나 잘 되는 거 보기 위해 그렇게 고된 노동을 참아내었다. 아버지는 내게 이렇게 말씀하시곤 했다.

"네가 대학만 가면 나는 진짜 삶에 여한이 없다."

그런데 보기 좋게 대학에 낙방하고 말아 아버지 뵐 면목이 없었다. 낙방하고 2, 3일 정도 지난 후에 아버지를 찾아뵈었는데 나무라기는커녕 오히려 나를 위로해 주었다.

"시험 본다고 고생했다. 좀 쉬어라. 동네 사람이 그러는데 네가 본 대학이 엄청 쎈 대학이라더라."

먼 산을 보며 아버지는 나지막한 목소리로 한마디 덧붙였다.

"나는 네가 면 서기 하는 것이 좋다. 남에게 속지 않을 정도로 마음을 가지는 것, 그것이 내가 바라는 전부다."

나는 다음 해에 대학에 진학했고, 4년을 마친 후에 다행히 대기업에 바로 취업이 되었다. 그동안 아버지의 고생에 조금이라도 위로가 된 것 같아 천만다행이었다.

돌이켜보면 아버지가 한 말씀은 딱 하나다.

"나는 네가 끈기가 있어 무엇이든지 잘하리라 믿는다."

이 말은 나에게 언제나 힘을 주었다.

"난 너를 믿어. 네가 하고 싶은 거 그대로 하면 돼."

늘 나를 인정해주시고 어려울 때는 따뜻하게 웃음으로 품어주신 아버지의 따뜻한 가슴이 지금도 나를 뭉클하게 한다. 그런 아버지의 격려와 인정 속에 자라서 돈이나 능력이나 권력은 없었지만, 늘 당당하고 자신 있게 살아올 수 있었다.

리더는 꼭 잘 배우고 똑똑하고 힘 있고 권력 있고 돈이 있어야 하는 것이 아니다. 논리적으로 말을 잘해야 되는 것도 아니다. 리더의 가장 큰 역량은 상대방을 인정해주고 격려해줄 줄 아는 것이다. 그것이 상대방에게 동기를 부여하여 스스로 움직이게 만든다. 나의 아버지에게서 그런 리더로서 갖추어야 할 자질을 배우게 된 것이다.

• 인정과 격려로 조직의 성과를 극대화하라 •

미국에 한 노파에게 편지가 배달되었다. 그 노파는 글을 읽을 수가 없어, 늘 편지 배달부에게 읽어달라고 했다. 그날도 배달부가 편지를 읽어 내려갔다.

"어머님, 저는 걱정하지 마세요. 어제는 제 다리에 종기가 나서 신을 신을 수 없도록 부었는데, 장군이 고름 자리를 째고 입으로 고름을 다 뽑아주었습니다. 저는 장군을 존경하고,.."

그러자 갑자기 노파가 대성통곡을 했다. 배달부가 왜 우느냐고 물어보았다. 그러자 노파는 큰아들과 둘째 아들 모두 장군이 잘해준다고 편지를 해놓고는 전쟁에 나가 맨 앞에서 싸우다 둘 다전사했다. 셋째도 장군이 잘해준다고 하니, 전쟁에 제일 앞에 나가 싸우다 죽을 것 같아 통곡한다고 말하는 것이다.

존경받는 리더는 상대방을 인정하고 격려해준다. 지휘관으로부터 진정으로 인정받고 격려 받은 병사는 전쟁 중에 가장 최 일선에 서서 죽음을 두려워하지 않고 용감하게 싸운다고 한다. 상사의 인정에 목숨까지도 아끼지 않는다는 이야기다. 진정한 리더는 규율과 통제보다는 인정과 격려로 조직의 성과를 극대화한다. 그렇게 해야 조직원은 진정한 마음으로 리더를 따르게 되는 것이다.

Lesson 5-05

간접적으로 느끼게 하는 리더십
_자신의 실수를 먼저 인정한다

●

상대방을 비난하기 전에 자신을 먼저 되돌아보라. 비난의 목적은
잘못을 지적하는 것이 아니라, 상대를 변화되게 만드는 것이다.

하루는 아내에게서 급한 전화가 왔다. 회사 일로 바쁜 상황이었
지만 무척 다급한 목소리였기에 부랴부랴 집으로 달려갔다. 아내
는 직장 생활을 하고 있기에 큰아이를 방과 후에는 돌볼 수가 없었
다. 그런데 요즘 큰아이가 귀가 시간을 어기고 부쩍 늦게 들어온다
는 것이다. 또한, 요즘 학교에서 말썽꾸러기 아이들과 자주 어울린
다고 주변을 좀 살펴봐 달라고 담임선생님에게서 연락이 왔다는
것이다.

아내와 나는 큰아이에게 요즘 누구랑 어울리며 어딜 가는지 물
어보았다. 그러자 동부아파트에 살고 있는 자기 짝꿍과 논다고 했
다. 짝꿍의 어머니는 직장에 일하러 나가고, 그 집에 가서 점심도

먹고 놀다가 온다는 것이다. 이상한 곳은 안 다닌다는 말을 강하게 하였다.

우리 집은 학교에서 멀리 떨어져 있는 시골에 있었다. 수소문하여 짝꿍의 아파트가 어딘지 알아보았고 주변 사람에게 그 아이에 대해 알아보았다. 그리고 그 짝꿍은 게임 방에 자주 간다는 사실을 알게 되었다.

다시 큰아이에게 게임 방에 가느냐고 물어보았다. 하지만 아이는 절대 게임 방에 안 가고 그냥 아이들하고 같이 논다고 했다. 그런데 눈빛이 좀 이상해 보였다.

다음 날 회사에 휴가를 내어 그 아파트 인근의 게임 방을 몇 군데 돌아다니면서 큰아이를 찾았다. 하지만 아이는 보이지 않았다. 그날 저녁, 들어오는 아이에게 어디에서 놀았냐고 물으니, 역시 그냥 동네에서 아이들이랑 놀았다고 대답했다.

"그래 너 절대 게임 방에 가면 안 돼."

이렇게 타일렀지만, 이후에도 아이는 여전히 늦게 들어왔다. 그래서 다시 게임 방을 둘러보니 그곳에서 게임을 하고 있는 아이를 찾을 수 있었다.

집에 데려와서 그 친구들과 어떻게 놀고 왜 게임 방을 가는지 물어보았다. 그랬더니 그 짝지 집에 가면 엄마가 없어서 둘이 밥을 먹고 매일 게임 방에 놀러 간다는 것이다. 잘 타이르고 난 다음 날 그 친구 어머님을 만나 그 이야기를 하며 서로 아이들 단속을 잘하기로 하였다.

그 이후 일주일 정도는 일찍 들어왔는데, 또다시 하교 시간이 늦어졌다.

더는 안 되겠다 싶어 아내와 함께 다시 게임 방을 찾아갔다. 그곳에서 아이가 친구와 함께 게임하고 있는 걸 보면서 가슴이 답답하고 화가 머리끝까지 올라왔다.

아내가 아이를 불렀으나, 아이는 놀라면서도 게임을 그만두지 않고 우리를 보았다.

둘을 데리고 나와 아들 친구는 집으로 보내고 큰아이를 집으로 데려왔다.

그리고는 아이와 조용히 이야기했다.

"아빠가 너한테 참 많이 잘못한 것 같다. 너한테 그렇게 이야기를 해도 즐거운 것을 끊지 못하는 것을 보면 아빠가 너를 제대로 가르치지 못한 탓이다. 이것은 다 내 잘못이다. 그러니 너는 잘못한 아빠를 때려주어야 할 것 같다."

그러면서 밖에 나가서 회초리를 하나 만들어왔다. 겁에 질린 아이에게 회초리를 건네주고 난 종아리를 걷었다.

"잘못한 아빠를 때려라. 네가 아빠를 때리지 않으면 내가 너를 두세 배 더 세게 때릴 거다."

그러자 아이는 울고불고 잘못했다며 용서를 빌었다. 그렇지만 나는 종아리를 걷고 계속 서 있었다. 이때 아이의 울음소리를 듣고 아내가 들어와 말렸다.

나는 좀 더 버티다가 아내의 말에 못이기는 척하며 자리에 앉아 아이를 타일렀다.

"더 이상 그러지 말아라. 아빠가 이렇게 타일렀는데도 자꾸 그러면 다음엔 담임선생님을 찾아가서 담임선생님께 아빠가 종아리를 맞을 거다."

그 후로 아이는 한 번도 게임 방에 가지 않았다. 당시 아내도 일을 하고 있었기에 큰애에게 신경을 많이 쓸 수가 없었고, 나도 회사 일이 바빠 신경을 많이 못 쓴 것에 대해서 많은 반성을 하게 되었다.

• 가까운 사람일수록 잘못을 간접적으로 알게 하라 •

상대방을 비난하기 전에 자신의 잘못을 먼저 인정하라. 우리는 대개 남의 잘못은 잘 지적하지만, 자신의 잘못은 이야기하지 않는다. 야단을 치는 사람이 자신의 잘못된 점을 먼저 인정하면서 상대방의 실수를 지적하면, 큰 저항 없이 지적의 말을 받아들이고, 실수를 쉽게 고칠 수 있다는 자신감을 갖게 된다. 우리의 목적은 잘못을 지적하는 것이 아니라, 상대를 변화되게 만드는 것이다.

잘못을 간접적으로 알게 하라. 가까운 사람일수록 직접적으로 지적하고 지시하게 된다. 배우자나 자식과의 문제는 바로 여기서부터 시작된다. 스스로 잘못을 깨닫고 변화하도록 우회적으로 이야기하자. 우회적인 대화 방법은 직설적으로 이야기하기 전에 조금만 노력하여 방법을 생각하면 누구나 할 수 있다.

믿어주는 만큼
이루어진다

●

믿어라. 자신이 중요하다고 존중해주는 리더에게
조직원은 충성하고 리더가 믿는 만큼 자신의 역량을 발휘한다.

아이를 어떻게 키울까 하는 것은 모든 부모의 공통된 고민이다.

우리도 그런 고민을 많이 하다가 아이가 초등학교 5학년 될 때부터 혼자 해외여행을 보냈다. 당시는 해외여행이 요즘처럼 보편화 되지 않았기 때문에 아이 혼자 여행을 보낸다는 것은 많은 위험이 따르는 일이었다. 하지만 부모가 교육하는 것도 좋지만 해외 나가는 여행 팀의 다른 사람과 만나서 이야기도 하고 경험을 쌓는 것도 좋은 교육이라 믿었다.

당시 방학 때는 학교 선생님이나 교수님들이 많이 가기 때문에, 그 틈에 끼어 따라가면 더 좋은 교육의 기회를 마련할 수 있을 거라 생각을 했다. 또한, 해외에 나가면 가이드들이 애국자가 되어서 아이들에게 더 관심을 많이 기울일 거라는 기대도 했다.

그 후로 아이는 매학기마다 방학만 되면 해외여행을 혼자 다녀오곤 하였다.

중학교 2학년 때인가, 도서관에서 공부하면서 "아빠 엄마, 내가 고등학교 때 엄마 아빠한테 진짜 감동으로 보여 줄게요."라는 말을 하기도 했다.

그 후로 고등학교 1학년 때까지 일 년에 두 번씩 해외여행을 갔다. 여행을 갔다 올 때마다 아이는 그만큼 정신적으로 성장하는 것 같았다.

중학교 이후로는 공부하라고 잔소리를 한 적이 별로 없다. 물론 도서관에서만 공부하였고 사교육은 시키지 않았다. 오히려 내가 불안해서 학원을 보내기도 했다. 한 3일 정도 다녀오고 난 다음에는 수업 방식에 불만을 쏟아냈다.

"학원에 가보니까 똑같은 거만 계속해요, 그건 선생님만 공부시키는 것 같아요. 저는 안 맞아서 학원에 가지 않을래요."

그러고는 학원 다니는 걸 그만두었다.

이렇게 고등학교 3학년을 도서관에서 공부하였지만, 성적은 매우 좋았다. 고등학교 1학년 때는 외교관이 되어 해외 나가 대사관에서 일하겠다고 했지만, 그 꿈이 의사로 바뀌었다.

의과대학에서 공부하는 것이 쉽지 않다는 것을 알고 있었다.

그래서 이렇게 조언했다.

"그 공부는 어려운데도 할 수 있겠어? 잘 생각해 봐라. 나는 네가 공대에 가서 나같이 대기업에 취업하면 좋겠다."

하지만 아이는 끝까지 의대를 가겠다고 하였고 결국 그 꿈을 이루었다.

의과대학 생활은 쉽지는 않았다. 대학 2학년 때 하숙집에 갔더니 공부하는 게 너무 어려워서 못 하겠다고 했다.

"그래, 아빠가 어렵다고 얘기했잖아. 그러니 지금이라도 힘들면 그만두고 다른 과로 전과를 해라. 우리는 네가 그렇게 고생하면서 인생을 사는 것을 원치 않는다."

그러자 아이는 아무 말도 하지 않았다. 그 후로는 공부하는 것이 어렵다는 얘기를 한 번도 한 적이 없다. 무사히 의과대학을 졸업하고 전문의 과정까지도 유급 한번 없이 잘 수료하였다.

지금 생각하면 그 어려움을 겪고 이겨낸 아들이 대단하다고 생각된다.

이제 아이는 결혼을 해 가정을 꾸렸다. 지금도 한 번씩 게임 방 이야기를 한다.

"그때 게임 방에 계속 갔으면 지금 이렇게 생활을 할 수 없었을 겁니다."

• 일단 지시를 했으면 믿어라 •

리더는 조직원을 믿어주어야 한다. 자신이 중요하다고 존중해주는 리더에게 조직원은 충성하는 것이다. 또한, 조직원은 리더가 믿는 만큼 자신의 역량을 발휘한다. 어떤 일을 지시했으면, 믿고 기다려주어야 한다. 일의 진행 과정에 리더의 생각과 맞지 않는 부분이 있어, 그것을 고치려 한다면 오히려 일을 그르칠 수도 있다. 리더는 일단 지시를 했으면 믿어야한다. 그래야 조직원들은 자신의 역량을 최대한 끌어올려 목표를 이룰 수가 있는 것이다.

150가지의 불만

_존엄성에 상처 주지 말라

●

내가 옳고 상대방이 분명 잘못했더라도
그 앞에서 직접적으로 지적하면 자존심에 상처를 입는다.

정년을 4년 앞둔 팀장으로서 공장 전체에서 가장 나이가 많았다.
우리 팀은 부장과 사원 5명을 포함한 15명의 기술 전문위원으로
구성되어 있었다. 올해의 신임으로 부장이 된 직원이 사석에서 팀
장은 자기가 신입사원으로 들어왔을 때도 부장이었는데, 아직도
부장이라며 '장수만세'라며 씩 웃었다. 어떤 임원은 당신은 직업이
팀장이라며 놀려대기도 했다. 안전환경 임원 자리는 한 자리인데,
임원은 순환보직제로 운영되는 형식이라 같은 직무를 30년 이상
을 하고 팀장을 17년 동안이나 해도 임원이 되지 못하여 계속 부
장으로 있어야 했다. 그러다 보니 직원들에게 미안함이 많았다.

팀원의 세세한 실무 업무와 그들의 행동거지가 한눈에 들어왔기

에 업무를 점검하고 지시하면서도 잔소리가 점점 심해졌다. 팀원의 실수한 일이나 처리한 업무도 몇 군데만 찔러보면 팀원은 그것을 숨기거나 피해갈 수가 없었다. 아무리 변명을 해도 경륜과 정보력과 직급이 깡패라서 팀원은 번번이 나에게 참패를 당했다.

언제부터인가 회의 시간이 팀장의 일방독주로 진행하는 것 같이 느껴져서 가벼운 농담을 던져 보았지만, 그 분위기를 바꾸기에는 역부족이었다.

팀원은 업무 회의에 참석하는 것이 점점 부담스러워했고 힘들어 보였다. 그렇다고 그런 의견을 함부로 제시하지도 않았다. 어떤 팀원은 저녁 회식 자리에서 팀장님이 사석에서 하는 것처럼 회사 업무도 그렇게 한다면 돈을 내고라도 회사에 다니고 싶다고까지 하였다.

돌이켜 보면, 회사에 가면 강박관념 같은 것이 느껴졌다. 후배들은 점점 커 올라오는데, 나는 정체된 느낌이 들었다. 임원 회의에 들어가도 되도록 욕을 먹지 않으려고 완벽하게 하려는 습성이 생겨났다. 그래서 더욱 팀원을 달달 볶았는지도 모른다.

주변에 고참 팀장들은 팀원에게 좋게, 좋게 해주라고 했다. 퇴직한 임원도 퇴직해 보니 구성원에게 잘하고 또 해줄 수 있는 만큼 충분히 해주는 것이 좋다는 충고를 했다.

생각 끝에 우리 조직을 제3자에게 평가를 받아 보고 싶었다. 외부 기관에 진단을 의뢰하면 비용이 비싸기 때문에 내부적으로 알아보았다. 당시 그룹 차원에서 진단 팀을 운영하고 있다는 것을 알게 되었다. 전화로 팀 진단에 대한 안내를 받았다. 담당은 언제든지 할 수 있는데, 진짜 해볼 생각이 있느냐고 되물었다. 다른 팀은 많이 하느냐고 물어보았는데, 자발적으로 신청해서 하는 것은 거의 없다고 했다. 어떤 조직에 문제가 있을 때 상부로부터 지시를 받고 조직을 진단하는 것이 통상적이라고 했다.

다음 날 조직 진단 팀장에게서 전화가 왔다. 우리 팀의 상황과 내 생각을 이야기하였다. 잘 생각했다며 진단 결과는 해당 팀에만 피드백을 해주고 다른 용도로는 절대 사용하지 않는다고 했다.

2주 후 진단은 설문지 응답 형식으로 이루어졌다. 팀장이 없는 상태에서 진단이 이루어졌고, 오후에는 팀장도 참석해서 피드백 회의를 했다.

피드백을 받아 보니 결과는 생각했던 것보다 훨씬 더 심각했다. 팀장에 대한 불만 사항이 A4 용지로 6장 분량, 약 150개 정도가 나왔다. 팀원이 15명이니 1인당 평균 10개씩 적었던 것이다. 대부분 팀장인 나에 대한 불만이었다. 주 내용은 회의 시간에 공개적으로 질책한다. 두 번째는 인간적 수치심을 느끼게 한다. 세 번째 지적이 너무 많다. 네 번째 업무지시가 불분명하다. 다섯 번째 일인 독재를 한다. 여섯 번째 회의 시간이 너무 길다 등등. 진단 팀은 진단 결과를 공유하고 개선방안을 주기로 했으며, 우리 팀 자체로도 개선방안을 내기로 하고 회의는 끝났다.

애써 태연한 척해 보았지만, 속내를 감출 수가 없었나 보다. 고참 부장들이 와서 "진단서 문서 작성 시 분위기에 휩쓸려서 과도하게 표현된 부분이 많은 것 같다."라고 위로 겸 말을 건네기도 했다. 그런 그들이 더욱 미웠다. 다른 팀원도 마주보기가 싫어졌다. 또한, 설문 결과지도 보고 싶지 않아 팀원들에게 어떻게 하면 좋은지 대책을 협의해 보라며 회의장을 나왔다. 퇴근 후 집에 와서 불만 건의 사항 15개를 분류해 그 원인과 대책을 나름대로 세워 보았다.

가지 수는 많았지만 큰 맥락을 차지하는 것이 지적에 관한 것이었다. 원인이 지적이니 대책은 카네기의 방법을 따르기로 했다. 카네기의 방법은 간접적으로 알게 하라는 것이었고 그렇게 하기 위해 노력했다. 완전히 바뀌지는 않았지만, 카네기의 방법을 따르자 부서의 분위기는 많이 바뀌었다.

• 사람의 존엄성에 상처를 주지 말라 •

내가 옳고 상대방이 분명 잘못되었다 하더라도 그 사람 앞에서 직접 적으로 지적을 하게 되면 자존심에 상처를 주게 된다. 프랑스의 전설적인 초창기 비행사이자 작가인 생떽쥐뻬리는 이런 글을 남겼다.

"누구에게도 그 자신을 과소평가하도록 만드는 말이나 행동을 할 권리가 내게는 없다. 중요한 것은 내가 그 사람을 어떻게 생각하느냐가 아니라 그가 그 자신을 어떻게 생각하느냐이다. 사람의 존엄성에 상처를 주는 것이야말로 죄악이다."

그렇기에 다른 사람이 잘못된 것이 있으면, 그 앞에서 직설적으로 이야기할 것이 아니라, 간접적으로 알게 해야 하는 것이다.

좋은 리더는
정보를 공유한다

●

상황을 공유하라. 상황과 목표를 공유하면 목표 달성이 쉽지만,
공유하지 않으면 돌발 상황에서 대응력이 떨어진다.

농장에 오는 사람마다 안목이 대단하다며, 어떻게 이런 자리에
농장을 하게 되었느냐고 감탄을 하곤 했다. 또한, 가만히 있어도
힐링이 된다고 말하곤 했다. 한 가지 아쉬운 점은 바람이 불고 비
가 오면 좋은 경치를 볼 수 없어 지붕을 설치하려고 생각했다. 오
랫동안 생각만 하다가 지난달부터 건물 보수를 하기 시작했다. 이
곳에서 신축건물을 지을 때 구청과 문제가 생긴 적이 있었는데, 이
번 보수 공사도 구청에서 문제삼지 않을까 우려가 되었다. 또한,
주변 사람들이 민원을 집어넣을 수도 있었다. 그래서 공사를 시작
하기 전에 철저히 대비했다. 법적인 문제가 있는지를 검토했고,
국토 해양부에 공사에 대해 질의를 해서 문제가 없다는 답변을 받

왔다.

보통 사람들은 이 공사에 대해 허가를 받아야 되는 것으로 알고 있었다. 맡긴 공사 업체도 그런 질문을 했기에, 허가를 안 받아도 되는 시설이라고 말하며 서류를 보여 주기도 했다.

"염려하지 말고 자신 있게 공사를 해도 됩니다."

문제가 예상되는 공사였기에, 모든 것을 공사업체와 공유했다. 그래야 내가 없어도 문제에 대응할 수 있기 때문이었다. 그러고는 공사를 시작했다. 일하는 사람들은 거리낌 없이 일했다. 한편으로는 옆에 등산길이 있어 신경이 쓰이기도 했다. 그래서 작업자에게 대문을 닫아놓고 일을 하라고 했지만, 일하는 사람은 문을 열어 놓기 일쑤였다. 공사감독과 현장 주변을 신경 쓰느라 저녁에 집에 가면 녹초가 되었다.

그런데 잠시 자리를 비운 사이 구청 직원이 현장에 와서 공사하는 것을 보고는 작업하는 사람에게 문제를 제기했다. 그렇지만 사전에 모든 상황과 예상될 문제까지 공유를 했기에 작업자는 잘 대응을 했다. 하지만 그에 수긍하지 못한 구청 직원은 나에게 전화를 했다.

"허가를 받고 공사를 해야 하는데, 왜 허가 없이 공사를 합니까?"

그 직원은 이렇게 말하며 잠시 보자고 했다. 올 것이 왔다는 생각을 하고 가니 작업 중지를 시켜놓고 있었다. 옛날 공사할 때 문제를 제기한 그 공무원이었다.

"법적인 검토가 끝났습니다. 국토해양부에서도 공사를 해도 된다는 답변을 받았습니다."

그에게 이렇게 말하며 공문을 보여 주었다. 그런데도 그 공무원은 막무가내였다. 자기가 가서 검토해보고 연락을 주겠다고 했다. 하지만 연락이 없었기에, 내심 전화가 오지 않기를 바랐다. 그러다 5시가 되어 먼저 전화를 하니, 전화는 받지 않고 내일 방문하겠다는 문자가 왔다. 이틀 동안 공사 중단이 되어 손해가 막심하다고 하며 빨리 해답을 달라고 문자를 했다. 다음 날 연락이 왔는데, 일이 있어 다음에 오겠다고 했다.

자꾸 지연이 되면 공사업체에게 일도 안 시키고 돈을 주어야 하는 등, 금전적으로 손해가 많은 상황이라며 문자로 독촉을 했다. 그러자 다음 날, 공무원이 와서, "공사를 해도 문제가 없다."라고 말했다. 옆에서 그 말을 들은 공사 업자는 자기 일처럼 기뻐하며 나의 이야기에 대해 더욱 신뢰를 하게 되었다.

그 이후에도 지나가는 주민이 보고 공사를 하는 것에 대해 작업자에게 이의를 제기했지만. 작업자는 그에 잘 대처해주었고, 공사는 예상보다 잘 진행될 수 있었다.

• 상황을 공유하라 •

리더는 어떤 일에 대해 전후 상황과 목표 등을 알고 있는 사람이다. 그런데 그런 것을 구성원과 공유하지 않으면, 돌발 상황에서 구성원은 대응력이 떨어진다. 삽으로 막을 것을 포크레인으로 막는 결과에 부닥칠 수 있게 되는 것이다.

또한, 상황과 목표를 공유하면, 훨씬 더 목표 달성하기가 쉽다. 현재의 상황은 어떻고 우리 목표는 어디이며, 어느 지점까지 진행되고 있는데, 현 속도는 빠르다, 늦다는 것을 공유하면 조직원들은 목표 의식이 생기고 보다 자발적으로 업무를 진행하게 되는 것이다.

카네기와 함께한
내 삶의 리뷰이다

이 책의 주요한 콘셉트는 카네기와 함께한 내 삶의 리뷰이다. 누구나 그러듯이 필자도 살아오면서 많은 일을 겪었다. 회사생활을 하면서 성취와 실패를 경험했고, 가족 간에도 행복과 갈등을 겪었다. 또한, 실제 몸으로 겪지는 않았지만 살아온 세월만큼 간접 경험의 나이테도 겹겹이 삶을 감싸고 있다.

필자의 인생은 두 가지로 간단하게 정리할 수 있다. 그 기준점이 카네기다. 카네기의 가치를 접하고 공부하고, 그것을 토대로 강연을 했다. 그러면서 삶의 가치가 변했다. 숱한 세월을 살아오면서 필자의 직접 경험이나 간접 경험으로 이해되지 않던 것들이 카네기를 접하면서 이해되기 시작했다. 그러다 보니 상황이 일어난 당시에 카네기를 알았더라면 훨씬 좋은 방향으로 바뀌었을 수도 있었을 텐데 하는 아쉬움이 진했다. 대인 관계를 보다 부드럽게 할 수도 있었을 것이고, 갈등 상황도 극복하여 더 좋은 상황으로 만들 수 있었을 것이며, 불필요한 실수를 하여 시간과 돈을 낭비하는 경우도 훨씬 줄어들었을 것이다.

필자는 카네기를 접하고 그것을 실생활에 적용하면서 많은 상황이 전보다 나아진 것을 경험했다. 그렇기에 카네기를 만난 것이 필자의 인생의 전환점이 된 것이고, 카네기를 만나기 전과 후, 두 가지로 확연히 구분되는 것이다.

처음엔 그것에 대해 '인생의 전환점에서 카네기를 만나다'라고 생각했다. 하지만 '카네기를 만난 것이 인생의 전환점이 되었다!'로 생각이 바뀌었다.

필자처럼 카네기의 가치를 접하고 많은 사람의 인생이 바뀌었다는 것은 이미 검증된 사실이다.

그리고 카네기의 이름을 들어보지 못한 성인은 그리 많지 않을 것이다. 그럼에도 불구하고 또한 많은 사람이 카네기의 가치를 모른 채 살아가고 있다.

'진작 알았더라면 더 좋은 인생을 살았을 텐데'하는 필자의 아쉬움이 이 책을 쓰게 했다. 더 많은 사람이 카네기의 가치를 알고 실행에 옮긴다면 이 사회는 보다 더 좋은 사회로 바뀌게 될 거라 믿었기 때문이다.

카네기의 가치는 시대를 초월하여 많은 사람에게 영향을 미쳤다. 그것이 가능하게 된 데에는 카네기의 가치 자체가 훌륭한 것이라는 의미도 되지만, 시대에 맞게 재해석한 많은 사람의 노력이 뒷받침되었다는 의미도 가진다.

이 책은 카네기의 가치가 어떻게 필자의 경험에 녹아들었는지를 적었다. 그것은 실생활에 카네기의 가치가 녹아들었을 때 실제 어떤 영향력을 발휘하는지에 대한 것을 보여 준다. 또한, 필자는 카네기 가치에 대해서 15년 가까이 강의를 하였다. 강의를 듣고 삶이 바뀌는 숱한 사람을 보아왔다.

필자를 비롯한 많은 사람이 바뀌었듯이 이 책을 읽는 독자의 삶도 보다 좋게 바뀌게 되기를 기대한다.

사랑하는 아내와 가족에게 이 책을 바친다.

"최초의 목표를 달성했으면 조금도 지체하지 말고 다음 목표를 세워라."

무슨 일이든 한 가지 목적을 이루었으면
곧 새로운 목표를 설정하여 꾸준히 매진할 일이다.
이것이 바로 우리 인생을 성공의 길로 이끄는
지름길인 동시에 성공의 요체이다.

Dale Carnegie

인생의 전환점에서 만난 카네기

초판 **1쇄 발행** 2020년 08월 27일
초판 **2쇄 발행** 2020년 11월 13일

지은이 경현호
펴낸이 이태선
펴낸곳 창작시대사

주소 경기 고양시 덕양구 행주로83번길 51-11 (행주내동)
전화 031-978-5355
팩스 031-973-5385
이메일 changzak@naver.com
등록번호 제2-1150호 (1991년 4월 9일)

ISBN 978-89-7447-232-0   03190